평강의 주께서

친히

때마다 일마다

평강을 주시기를 기도하며

특별히

_____님께

드립니다.

이동원 목사 성경인물 강해설교

하늘 문을 열고
닫은 사람 • 엘리야

이 동 원 지음

 도서
출판 나침반社

종합선교 – 나침반 출판사 / 그리스도인들의 성장을 돕습니다.
[1][1][0] - [6][1][6] 서울·광화문 우체국 사서함 1641호 ☎(02)2279-6321~3/주문처(02)606-6012~4

• • •

COMPASS HOUSE PUBLISHERS

A DIVISION OF NACHIMVAN (=COMPASS) MINISTRIES
KWANGHWAMOON P. O. BOX 1641, SEOUL 110-616, KOREA

하늘 문을 열고 닫은 사람

엘리야

그는 누구이기에
하늘 문을 열기도 하고 닫기도 했습니까?

엘리야의 명성은 가히 신화적입니다.
불수레를 타고 승천한 사람,
하늘 문을 열어 불과 비를 땅에 내린 사람,
850:1 의 싸움에서 당당히 승리한 갈멜 산의 챔피언.

그럼에도 불구하고 성경은 그는 우리와 성정이 같은 사람이라고
우기고 있습니다.
그렇다면 그의 인생을 어떻게 설명할 수 있겠습니까?

그의 삶의 초자연성의 배후에 있었던
인간적인 너무나 인간적인
그러나
성령에 사로잡혀 걸었던
삶의 현장들을 살피고 싶습니다.

그는 누구이기에
하늘 문을 열기도 하고 닫기도 했읍니까?

주후 1988 년 여름에

이동원

차 례

1

엘리야, 그는 누구인가

엘리야는 그를 아는 사람이 일찌기 아무도 없었던 완전한 무지 가운데서 돌연하게 출연한 인물이었읍니다. 그는 마치 우상숭배의 죄악 속에 가라앉은 민족의 그 어두운 세계에 비추인 한 줄기의 광명한 빛과도 같은 인물이었읍니다.

1. 엘리야에 대한 소개

우리는 엘리야를 생각할 때에 바알의 선지자들과의 극적인 대결 속에서 승리를 거둔 위대한 하나님의 사람으로 기억합니다. 그는 기적의 사람이었으며 기도의 사람이었읍니다. 그는 또한 불수레를 타고 승천한 사건으로 우리에게 알려져 있으며 죽음을 맛보지 않고 요단강을 건넌 사람으로서 모든 성도들에게 기억되고 있읍니다. 구약성경을 통해서 잊을 수 없는 대표적인 두 영웅을 우리가 손꼽을 수 있다면 한 사람은 모세요 한 사람은 엘리야일 것입니다.

구약성경의 마지막 페이지는 메시야의 선구자로서 엘리야를 대망하고 있는 이스라엘 백성들의 간절한 기다림으로 장식되어 있읍니다. "너희는 내가 호렙에서 온 이스라엘을 위하여 내 종 모세에게 명한 법 곧 율례와 법도를 기억하라 보라 여호와의 크고 두려운 날이 이르기 전에 **내가 선지 엘리야를 너희에게 보내리니**"(말 4:4,5).

우리는 또한 변화산상에서 우리 구주 예수 그리스도와 함께 모세와 엘리야가 나타났으며 주님과 더불어 대화를 나누었던 것을 기억합니다.

비숍 홀(Bishop Hall)은 철저하게 부패한 당시의 세대를 위해서 예비된 가장 탁월한 하나님의 선지자가 바로 엘리야였다고 증언합니다. 그 당시 아합이 다스리던 시대에는 우상숭배와 이세벨의 세속성과 불경건으로 얼룩져 있었읍니다. 이때 그 민족들에게 멧세지를 주시기 위해 하나님이 쓰시던 인물이 바로 엘리야였던 것입니다. 그는 '엘리야의 하나님은 어디에 있는가'라며 조롱하는 모든 불신 세력들에게 불로 응답하시는 하나님의 임재를 실증한 하나님의 도구였읍니다.

야고보 사도는 엘리야를 가리켜 이렇게 증언합니다. "엘리야는 우리와 성정이 같은 사람이로되 저가 비 오지 않기를 **간절히 기도한 즉** 삼 년 육 개월 동안 땅에 비가 아니 오고 다시 **기도한즉** 하늘이 비를 주고 땅이 열매를 내었느니라"(약 5:17). 엘리야는 이처럼 간절히 기도하는 기도의 사람이었읍니다.

2. 전후 시대 배경

이스라엘의 역사 가운데 가장 어두운 시대에 등장한 인물이 바로 엘리야입니다. 이스라엘은 우상숭배와 불신앙으로 말미암아 하나님으로부터 떠나가 있었고 하나님을 아는 지식이 팔레스타인의 모든 지역에서 점점 고갈되어 가고 있었읍니다. 이러한 어둠과 부패 속에서 하나님은 한 사람을 일으켜 세우셨읍니다. 그가 바로 엘리야입니다.
이 엘리야가 등장한 시대는 과연 어떤 모습이었을까요?

솔로몬의 죽음 이래로 왕국은 둘로 나뉘었읍니다. 왕국이 둘로 나
뉜 이후 약 58 년 간은 어두운 세월이 이스라엘 역사의 장을 덮고 있
읍니다. 이때 일곱 명 이상의 왕들이 이스라엘 열 지파를 다스렸읍니
다. 그런데 이 왕들은 하나같이 사악한 왕들이었읍니다.
우리는 이제 구약의 기자를 통해서 이 어두웠던 58 년 간의 세월,
그리고 여기 일곱 명의 지도자들인 왕들의 모습을 살펴보겠읍니다.

□ **여로보암의 통치시대**
열왕기상 12 장 27 절 이하의 말씀을 보십시오.
"만일 이 백성이 예루살렘에 있는 여호와의 전에 제사를 드리고자 하
여 올라가면 이 백성의 마음이 유다 왕 된 그 주 르호보암에게로 돌
아가서 나를 죽이고 유다 왕 르호보암에게로 돌아가리로다 하고 이에
계획하고 **두 금송아지를 만들고**…"(27,28 절).
유다 왕 르호보암이 열 지파 대표들의 세금을 경감해 달라는 요청을
거절하자 열 지파가 배반하고 따로 나아가 여로보암을 왕으로 한 이
스라엘 왕국을 세웠읍니다. 여로보암은 백성들이 하나님께 예배드리
기 위해 예루살렘으로 올라가면 유다 왕 르호보암에게로 돌아설까 걱
정이 되어 따로 종교를 세우기로 결심했읍니다. 그리하여 그는 두 금
송아지를 만들었던 것입니다.

계속해서 여로보암은 다음과 같이 말합니다.
"…무리에게 말하기를 **너희가 다시는 예루살렘에 올라갈 것이 없도다**
이스라엘아 이는 너희를 애굽 땅에서 인도하여 올린 너희 신이라 하
고 하나는 벧엘에 두고 하나는 단에 둔지라 이 일이 죄가 되었으니
이는 백성들이 단까지 가서 그 하나에게 숭배함이더라 저가 **또 산당
들을 짓고 레위자손 아닌 보통 백성으로 제사장을 삼고** 팔 월 곧 그 달

십오 일로 절기를 정하여 유다의 절기와 비슷하게 하고 단에 올라가
되 벧엘에서 그와 같이 행하여 그 만든 송아지에게 제사를 드렸으며
그 지은 산당의 제사장은 벧엘에서 세웠더라"(28–32 절).
그는 우상을 만들어 우상숭배의 죄악을 민족에게 강요했을 뿐 아니라
레위지파가 아닌, 다시 말하면 권위가 혼돈된, 하나님이 세운 역사와
는 아무런 관련이 없는 제사장을 세움으로 제사장직의 부패를 가져왔
읍니다. 소명도 없었고 준비도 안 된 사람들을 제사장으로 세워 하나
님이 아닌 거짓 우상을 섬기도록 강요한 이런 민족적인 우상숭배의
부패가 이스라엘의 역사를 어둠으로 물들게 한 것입니다.

□ **나답의 통치시대**
열왕기상 15 장 25 절 이하의 말씀을 보십시오.
"유다 왕 아사 제 이 년에 여로보암의 아들 **나답**이 이스라엘 왕이 되
어 이 년을 이스라엘을 다스리니라 저가 여호와 보시기에 악을 행하
되 **그 아비의 길로 행하며** 그가 이스라엘로 범하게 한 그 죄중에 행한
지라"(25,26 절).
이스라엘의 두번째 왕은 나답입니다. 그가 아비의 길로 행하며 꼭같
이 범죄하고 있는 모습을 성경은 증언합니다. 한 마디로 부전자전(父
傳子傳)입니다. 계속되는 27 절을 보십시오.
"이에 잇사갈 족속 아히야의 아들 바아사가 저를 모반하여 블레셋 사
람에게 속한 깁브돈에서 저를 죽였으니 …."
여호와 보시기에 악을 행하던 나답은 아히야의 아들 바아사의 모반으
로 죽임을 당합니다.

□ **바아사의 통치시대**
"아사와 이스라엘 왕 바아사 사이에 일생 전쟁이 있으니라 유다 왕
아사 제 삼 년에 아히야의 아들 바아사가 디르사에서 온 이스라엘의
왕이 되어 이십사 년을 치리하니라 **바아사가 하나님 보시기에 악을 행
하되** 여로보암의 길로 행하며 그가 이스라엘로 범하게 한 그 죄중에

행하였더라"(왕상 15:32-34).
바아사 왕의 통치시대도 이렇게 악으로 난무하였읍니다.

□ 엘라의 통치시대
열왕기상 16 장 8 절 이하의 말씀을 보십시오.
"유다 왕 아사 제 이십륙 년에 바아사의 아들 **엘라**가 디르사에서 이
스라엘 왕이 되어 이 년을 위에 있으니라 엘라가 디르사에 있어 궁내
대신 아르사의 집에서 **마시고 취할 때에…**"(8,9 절).
엘라 왕 역시 국가의 통치에는 관심이 없고 술을 즐겨 마시고 곧잘
취하던 알콜 중독자였읍니다. 이러한 엘라 왕은 어떻게 됩니까? 계
속되는 말씀을 보십시오.
"…그 신복 곧 병거 절반을 통솔한 장관 시므리가 왕을 모반하여 들
어가서 저를 쳐 죽이고 대신하여 왕이 되니 곧 유다 왕 아사 제 이십
칠 년이라"(9,10 절).
이 피비린내 나는 살륙의 현장을 보십시오.

□ 시므리의 통치시대
열왕기상 16 장 19,20 절을 보십시오.
"이는 **저가 여호와 보시기에 악을 행하여** 범죄함을 인함이라 저가 여로
보암의 길로 행하며 그가 이스라엘로 죄를 범하게 한 그 죄 중에 행
하였더라 시므리의 남은 행위와 그 모반한 일이 이스라엘 왕 역대 지
략에 기록되지 아니하였느냐."
반역한 시므리 왕 역시 슬픈 역사를 기록한 또 하나의 범죄를 행한
왕이었읍니다.

□ 오므리의 통치시대
열왕기상 16 장 25 절의 말씀을 보십시오.
"**오므리가 여호와 보시기에 악을 행하되** 그 전의 모든 사람보다 더욱
악하게 행하여."

이제 오므리 왕이 이스라엘을 통치하게 되었읍니다. 이스라엘의 58
년 간의 역사 동안에 이 말씀이 끊이지 않습니다.
"여호와 보시기에 악을 행하여."
오므리 왕 역시 예외가 아니었고 오히려 더욱 악한 왕이었읍니다.
"느밧의 아들 여로보암의 모든 길로 행하며 그가 이스라엘로 죄를 범
하게 한 그 죄 중에 행하여 그 헛된 것으로 **이스라엘 하나님 여호와의
노를 격발케 하였더라**"(26 절).
　이 끊임없는 우상숭배와 사악함과 죽이고 죽는 권력의 다툼으로 여
호와 하나님의 노를 격발케 하는 어두운 역사가 58 년 간 계속되었던
것입니다.

□ 아합의 통치시대
열왕기상 16 장 30 절을 보십시오.
"오므리의 아들 아합이 그 전의 모든 사람보다 여호와 보시기에 악을
더욱 행하여."
이제 오므리의 아들 아합이 이스라엘을 통치하게 되었읍니다. 바로
이 왕이 엘리야의 시대적 배경을 연구하게 될 때 대단히 중요한 역할
을 하는 왕입니다. 그런데 이 왕은 지금까지의 악한 왕들의 추종을
불허하는 더욱 악한 왕이었읍니다.
"느밧의 아들 여로보암의 죄를 따라 행하는 것을 오히려 가볍게 여기
며 시돈 사람의 왕 엣바알의 딸 이세벨로 아내를 삼고 가서 바알을
섬겨 숭배하고"(31 절).

　악한 왕들의 계속적인 통치로 인해 이스라엘의 역사는 악순환의 연
속이었으며 말할 수 없는 도덕적인 부패와 종교적인 어두움, 우상숭
배와 범죄로 팔레스타인 땅을 흑암으로 뒤덮고 있었읍니다.
하나님을 경배하는 야훼 신앙은 팔레스타인 땅에서 완전히 잊혀진 것
같았읍니다. 대신 우상숭배가 편만하여 단과 벧엘에 금송아지가 세워
졌고 사람들은 눈에 보이는 유형의 신을 경배하였읍니다. 사마리아

땅에는 바알신전이 건립되었읍니다. 그리고 점차 바알을 섬기는 바알의 선지자들의 활약이 시작되고 있었읍니다.

이제 16 장 33 절을 보십시오.
"또 아세라 목상을 만들었으니 저는 그 전의 모든 이스라엘 왕보다 심히 이스라엘 하나님 여호와의 노를 격발하였더라."
아세라 목상이 세워졌을 때 하나님의 분노는 드디어 절정에 달하였읍니다. 하나님의 분노가 격발된 모습을 보십시오.
"그 시대에 벧엘 사람 히엘이 여리고를 건축하였는데 저가 그 터를 쌓을 때에 **맏아들 아비람을 잃었고** 그 문을 세울 때에 **말째 아들 스굽을 잃었으니** 여호와께서 눈의 아들 여호수아로 하신 말씀과 같이 되었더라"(34 절).
하나님은 끊임없이 행해지는 이스라엘의 악을 보시고 그 노를 발하여 이와 같이 행하셨던 것입니다.
이스라엘의 역사는 완전히 어두워졌읍니다. 빛 한 줄기 보이지 않는 칠흑같은 어둠이 팔레스타인 땅을 온통 뒤덮고 있었읍니다.

3. 엘리야의 등장

"길르앗에 우거하는 자 중에 디셉 사람 엘리야가…"(왕상 17:1).
이스라엘의 암흑시대에 엘리야가 드디어 등장합니다. 열왕기상 17 장 1 절을 다시 보십시오.
"길르앗에 우거하는 자 중에 디셉 사람 엘리야가 아합에게 고하되 나의 섬기는 이스라엘 하나님 여호와의 사심을 가리켜 맹세하노니 내 말이 없으면 수년 동안 우로가 있지 아니하리라 하니라."
부패한 이스라엘을 오랫동안 지켜보시던 하나님은 드디어 엘리야를 통하여 멧세지를 전하셨읍니다.

엘리야는 아무런 서론도 없이 돌연 이 어두운 역사의 무대에 등장

한 것입니다. 아무런 소개가 없었읍니다. 엘리야의 아버지가 누구인
지 그의 어머니가 누구인지 전혀 알 길이 없읍니다. 엘리야의 계보는
소개되지 않고 있기 때문입니다. 엘리야는 그 배경이나 기원을 알 수
없는 인물입니다. 멜기세덱과 비슷한 인물인 것 같습니다. 하지만 육
신의 배경이 없는 신(神)과 같은 존재는 아닙니다. 열왕기상 17 장
1 절의 말씀에 길르앗 출신이라는 사실만은 언급되고 있읍니다. 그는
아마도 갓 지파나 므낫세 지파에 속한 사람이었을 것입니다. 그것이
우리가 가지고 있는 유일한 정보입니다. 그 외에는 아무것도 알 수가
없읍니다.

　여기서 우리가 얻을 수 있는 중요한 교훈이 있읍니다.
하나님은 때때로 모든 배경과 족보와 상황을 초월해서 한 인물을 집
어 내십니다. 또한 하나님은 사람들의 상식을 초월하고 사람들의 지
식의 한계를 뛰어 넘으서서 하나님의 사람을 일으켜 세우십니다.
　엘리야는 바로 그렇게 하나님의 쓰임을 받은 사람이었읍니다. 그의
출생과 그의 종말은 신비에 속합니다. 그는 예수 그리스도의 선지자
적 사역에 있어서 상징적인 인물로서 등장하고 있는 하나님의 사람이
었읍니다.

　이제 열왕기상 19 장 10 절에서의 엘리야의 고백을 보십시오.
"저가 대답하되 **내가 만군의 하나님 여호와를 위하여 열심이 특심하오
니** 이는 이스라엘 자손이 주의 언약을 버리고 주의 단을 헐며 칼로 주
의 선지자들을 죽였음이오며 오직 나만 남았거늘 저희가 내 생명을
찾아 취하려 하나이다."
이처럼 엘리야는 하나님을 향한 강한 열정이 있다고 고백할 수 있었
던 사람입니다. 또한 엘리야는 하나님을 위해서 목숨을 내놓을 수 있
는 사람이었읍니다. 그리고 하나님이 아닌 우상이 세워진 것을 보았
을 때 그 마음 속에 의로운 분노를 느낄 수 있는 사람이었읍니다. 엘
리야는 이토록 하나님을 향한 뜨거운 사랑과 열정을 지니고 있었던,

마음과 영혼이 뜨거웠던 하나님의 사람이었읍니다.

그러나 엘리야 단독으로 부패가 극도에 달한 어둠 속에서 무엇을 할 수가 있었겠읍니까? 그가 이스라엘 역사에 충격을 주고 그 역사를 변화시키는 위대한 일을 할 수 있었던 원인은 도대체 어디에 있었을까요?

우리는 엘리야의 사람됨에서 그 원인을 찾으려고 해서는 안 됩니다. 사도 야고보가 분명히 말하고 있듯이, "엘리야는 우리와 성정이 같은 사람"이기 때문입니다. **엘리야가 위대한 일을 할 수 있었던 것은 엘리야 자신의 노력이나 능력에 의해서가 아니라 엘리야를 택하셔서 일을 하게 하신 하나님 덕분이었읍니다.** 엘리야가 엘리야 될 수 있었던 것은 이 어두운 역사 속에 주권적으로 통치하시고 간섭하시는 하나님의 사역 때문이었던 것입니다. "하나님" 그분이 바로 흑암의 역사를 변화시킨 열쇠였읍니다.

엘리야는 이 하나님의 권능, 이 하나님의 신실하심, 이 하나님의 주권을 믿고 엎드렸읍니다.
"하나님을 섬기는 자는 이제 나만 남았읍니다."
그는 적어도 자기와 꼭같은 신앙의 고백을 나누는 자들과 교제를 가질 수 없었읍니다. 그래서 그는 외롭고 고독했읍니다. 그러나 그는 그것 때문에 좌절하지는 않았읍니다. 그는 이 신앙적인 고독과 이 어려움을 견디고 일어나 홀로 우뚝 섰읍니다. 그리고 엎드려 기도하기 시작했읍니다. 그때 하나님의 능력이 나타나기 시작한 것입니다.

"왕이여 왕이 행한 범죄로 말미암아, 이 민족의 범죄로 말미암아 삼 년 동안 이 땅에는 비가 오지 않을 것이요."
이 진노의 심판의 멧세지를 엘리야가 담대하게 전한 것입니다. 과연 그의 말대로 3년 동안 비 한 방울 떨어지지 않았으며 온 땅에 기근이 들었읍니다. 3년이 지난 날, 하나님은 다시 엘리야를 통하여 비를 내리는 기적을 나타내셨읍니다. 엘리야가 비를 내리게 하기 위해 땅에 꿇어 엎드려 얼굴을 무릎 사이에 넣고 간절히 기도하였던 것입니다. 엘리야는 하나님이 하늘과 땅을 움직이시는 분이며 천지를 주관하시는 분임을 믿었던 것입니다. 이것은 현대 과학으로 생각해 볼 때 어쩌면 비상식적이고 비논리적일지도 모릅니다. 하지만 우리는 이러한 사고를 초월하여 하나님을 추구하는 사람이 되어야 할 것입니다.

엘리야가 처음 하나님의 멧세지를 받았을 때의 광경을 한번 상상해 보십시오.
"엘리아여, 아합 왕에게 가서 3 년 동안 비가 오지 않을 것이라고 선포하라."
이 심판의 멧세지를 선포하기 위해서 길르앗의 고향집을 떠나는 엘리야의 모습을 연상해 보십시오. 이것은 모세가 광야를 떠나 애굽의 통치자인 바로에게 이스라엘 백성들의 해방의 소식과 하나님의 사역을 거역하는 애굽 땅에 대한 심판의 멧세지를 전달하러 애굽 땅을 향해서 나아가는 그 초연한 모습을 연상케 합니다.
이들은 위대한 하나님의 사람들이었읍니다. 그들은 고독하게 주님의 멧세지를 받았고 그 시대를 향한 결전의 자세로 나아갔던 것입니다.

4. 엘리야의 신앙 고백

아합 왕이 다스리던 그 사회의 형편을 생각하면 고향집을 떠나는 엘리야의 결단이 그렇게 쉽지는 않았을 것입니다. 그러나 하나님께서 하나님 자신의 증언을 위해서 자기를 들어 쓰시고자 하실 때 엘리야는 순종할 수 있었던 사람이었읍니다. 열왕기상 17 장 1 절의 말씀을 보십시오.
"길르앗에 우거하는 자 중에 디셉 사람 엘리야가 아합에게 고하되 나의 섬기는 이스라엘 하나님 여호와의 사심을 가리켜 맹세하노니 …."

이 말씀에는 엘리야의 모든 신앙고백이 다 들어 있읍니다.

엘리야는 어떤 신앙고백을 했을까요 ?

첫째로, 엘리야는 여호와는 하나님이시라고 고백하였읍니다.
『엘리야』라는 이름 자체가 "여호와는 하나님"이라는 신앙고백이 담겨 있읍니다. 그 이름 자체가 그 시대의 비웃음거리와 조롱거리가 될 수밖에 없는 것이었읍니다. 아무도 야훼 하나님을 섬기는 사람이 없으며 우상이 지배하고 흑암이 가득한 이 캄캄한 어둠 속에서 엘리야는 "여호와는 하나님"이라고 자기 신앙을 고백했던 것입니다.

둘째로, 엘리야는 자신은 하나님을 섬긴다고 고백하였읍니다.
"나의 섬기는 이스라엘 하나님."
그는 이렇게 자신이 하나님을 섬긴다고 대담하게 고백하였읍니다. 부흥이 일어날 때, 믿는 수많은 사람들 중에서 하나님을 신뢰하고 섬기는 일은 어렵지 않습니다. 그러나 부흥이 없을 때, 점점 어두워지고 신앙을 저버리는 배교자들이 점점 많아질 때 그 중에 홀로 우뚝 서서 신앙을 사수할 수 있다는 것은 대단한 일입니다. 더군다나 왕 앞에서 자신은 하나님을 섬긴다고 말할 수 있다는 것은 그가 얼마나 신실하게 하나님을 섬겨왔던가를 알 수 있게 해 줍니다.

이러한 사람을 하나님이 쓰시지 않겠읍니까? 당신도 가족들 중 혹은 직장 동료들 중 오직 홀로 하나님을 신뢰하여 그들의 조롱과 비웃음에도 굴하지 않는 그런 처지에 있읍니까? 끝까지 하나님을 섬기십시오. 언젠가는 하나님이 당신을 그분의 위대한 사역의 도구로 쓰실 것입니다.

세째로, 엘리야는 하나님을 이스라엘 하나님으로 고백하였읍니다.
"이스라엘의 하나님"은 언약하시는 하나님, 그리고 그 언약을 성실하게 성취하시는 하나님이라는 의미입니다. 아브라함의 하나님, 이삭의 하나님, 나의 하나님, 그분은 한 번 약속하시면 반드시 그 계약을

성취하시는 신실하신 분이십니다. 이스라엘의 그 어둠 속에서도 하나
님의 약속은 사라지지 않았읍니다. 하나님은 시대의 변화와 함께 역
사를 움직이시며 민족을 섭리하시므로 그 어둠 속에서도 하나님의 역
사는 취소되지 않았읍니다.

이처럼 엘리야의 "이스라엘 하나님"이라는 고백에는 역사의 배후
에서 여전히 역사를 주관하시는 신실하신 언약의 하나님에 대한 엘리
야의 신앙이 깃들어 있는 것입니다.

네째로, 엘리야는 하나님을 살아계신 하나님으로 고백하였읍니다.
"여호와의 사심을 가리켜 맹세하노니."
엘리야는 바알의 선지자들처럼 죽은 신(神)을 섬기는 사람이 아니었
읍니다. 살아계신 하나님, 그분이 바로 엘리야에게 그 비범한 용기와
담대함을 베풀어 주신 원천이었읍니다. 그는 살아계신 하나님을 신뢰
하였읍니다. 그는 죽어 있는 수많은 바알 신보다 살아계신 유일한 하
나님의 위대성을 신뢰했읍니다. 무(無)에서 유(有)를 창조하신 그 하
나님, 우주를 운행하시며 태양계의 질서를 주장하시는 그 하나님. 위
대하신 그분은 지극히 작은 나에게도 찾아오셔서 나를 붙드시며 내
생활을 간섭하시며 사소한 일까지도 세심하게 돌보십니다. 살아계신
하나님, 바로 그분을 엘리야는 신뢰하고 있었던 것입니다.

엘리야의 기도가 능력있고 힘이 있는 원인은 바로 여기에 있읍니
다. 엘리야가 하나님이라고 담대히 고백하고 자기는 하나님을 섬기노
라고 말할 수 있었으며 신실하게 언약을 지키시는 분이며 살아계신
분으로 고백한 바로 그 하나님 여호와가 그와 더불어 계셨기 때문이
었읍니다.

2

믿음과 순종

우리는 앞 장에서 하나님의 사람, 엘리야의 신앙을 서론적으로 살펴보았읍니다. 엘리야는 모세와 함께 구약성경에서 우뚝 솟은 신앙의 산봉우리로서 믿음의 영웅으로 또 신앙의 가장 능력있는 하나님의 사람으로 우리에게 기억되고 있읍니다. 우리는 이미 본문 17장 1절의 말씀을 통해서 엘리야의 신앙을 몇 가지로 정리해 보았읍니다.

아합 왕 앞에 나아가 자기의 신앙고백을 한 엘리야는 이제 아합에게 다음과 같은 선언을 합니다.

"…내 말이 없으면 수년 동안 우로가 있지 아니하리라"(1 절).

이 명확하고 확신에 찬 하나님의 심판의 멧세지를 전달하고 있는 엘리야의 당당한 모습을 보십시오.

본문에는 수년 동안 비가 내리지 않는다고 기록하고 있읍니다. 그러나 구체적으로 그 기간은 삼 년입니다. 열왕기상 18 장 1 절을 보면 "많은 날을 지내고 **제 삼 년**에 여호와의 말씀이 엘리야에게 임하여

가라사대 너는 가서 아합에게 보이라 내가 비를 지면에 내리리라"라
고 기록하고 있기 때문입니다.
그런데 누가복음 4 장 25 절에 보면 예수께서 나사렛 고향을 방문하
셔서 설교하시면서 이렇게 말씀하십니다.
"내가 참으로 너희에게 이르노니 엘리야 시대에 하늘이 **세 해 여섯 달**
을 닫히어 온 땅에 큰 흉년이 들었을 때에 …."
예수님은 그 기간이 삼 년 육 개월이라고 구체적으로 지적하셨습니
다. 이는 구약성경에서 기록하고 있는 기간과 6 개월간의 차이가 납
니다. 이것을 어떻게 해석할 수 있을까요? 이스라엘 땅에 가뭄이 든
지 6 개월이 되었을 때 엘리야가 아합 왕에게로 나아갔던 것 같습니
다. 그래서 이미 육 개월 간의 가뭄이 있었지만 앞으로 삼 년 더 가뭄
이 계속될 것이라는 경고를 한 것입니다.

한편 엘리야는 단순히 비가 내리지 않을 것이라고만 말하지 아니하
고 우로가 없을 것이라고 말합니다. 우로는 비와 이슬을 가리킵니다.
팔레스타인은 1 년 중 약 7 개월은 건조기여서 비가 오지 않습니다.
그러나 그때에도 밤중에 많은 이슬이 내려서 땅을 촉촉히 적셔주므로
곡물 수확에 그다지 큰 해를 끼치지 않습니다. 그런데 엘리야가 수년
동안 우로가 없을 것이라고 경고하니 이는 매우 위험한 일입니다.

1. 엘리야의 용기

아합은 엄청난 경고를 하는 엘리야를 죽이고 싶었을 것입니다. 그러
나 엘리야는 아합 앞에 당당하게 서서 뚜렷하게 하나님의 심판의 멧
세지를 전했습니다. 한 나라의 군주에게, 그의 손가락 하나에 수많은
사람의 생명이 달려 있는 세력가에게 찾아가 기분나쁜 심판의 멧세지
를 감히 전달할 수 있을 만큼 엘리야를 지배하고 있었던 용기는 어디
에서 솟아났을까요?
엘리야는 어떻게 해서 그런 용기를 가질 수 있었을까요?

첫째로, 엘리야는 하나님을 신뢰하였기 때문입니다.

살아계신 하나님, 언약의 하나님, 신실하신 하나님, 만물을 창조하시고 만유를 지배하시는 그 하나님을 신뢰했을 때 엘리야는 용기를 얻을 수 있었던 것입니다.

둘째로, 엘리야는 기도의 사람이었기 때문입니다.

엘리야는 하나님께 기도함으로 용기를 얻을 수 있었습니다. 앞에서도 보았듯이 야고보서 5장 17절은 엘리야는 우리와 성정이 같은 사람인데 다만 저가 비오지 않기를 간절히 기도함으로 비오지 않게 했다고 증언합니다. 간절한 기도와 간구에 의해서 엘리야는 능력과 더불어 용기를 얻을 수 있었던 것입니다.

저는 앞에서 이미 6개월이라는 시간이 경과한 후에 엘리야가 아합 왕 앞에 등장했을 것이라는 말씀을 드렸습니다. 그 6개월 동안 엘리야는 틀림없이 기도로써 하나님과 교제하는 시간을 가졌을 것입니다. 그렇게 기도로 준비한 후에야 엘리야는 왕 앞에 나아갔던 것입니다. 그리고 이 개인적인 기도가 바로 엘리야의 담대함과 용기의 근원이 되었을 것입니다.

세째로, 엘리야는 하나님의 말씀을 신뢰했기 때문입니다.

엘리야는 주께서 말씀하실 때마다 항상 순종했습니다. 예를 들어 본문 2절 이하를 보면 여호와의 말씀이 엘리야에게 임하여 엘리아에게 떠나라고 하면 그는 떠났습니다. 동으로 가라 하면 동으로 갔습니다. 이렇게 엘리야는 하나님의 말씀에 절대적인 신뢰를 두고 있었으며, 주님의 말씀을 전폭적으로 신뢰하며 전적으로 순종하였던 것입니다. 이렇게 하나님의 말씀에 전적인 신뢰를 두고 또한 그분의 말씀대로 하면 반드시 승리한다는 믿음을 가졌기 때문에 아합 왕에게 나아가서 왕이 불쾌해 할 경고의 멧세지를 용기있게 전할 수 있었던 것입니다.

2. 엘리야의 순종

하나님께서는 엘리야를 아합 왕에게 나아가서 심판의 멧세지를 전하게 하신 뒤에 상황을 바꾸어서 다르게 역사하십니다. 3 절에 보면 하나님은 갑자기 "너는 여기서 떠나 동으로 가서 요단 앞 그릿 시냇가에 숨으라"는 명령을 하십니다. 우리는 이 3 절 이하의 말씀에서 네 가지의 중요한 요소를 발견할 수 있읍니다. 그것은 **명령**과 **약속**, **응답**과 **시험**입니다.

□ 명령
3 절을 보십시오.
"너는 여기서 떠나 동으로 가서 요단 앞 그릿 시냇가에 숨고."
아합 왕에게 나아가서 경고의 멧세지를 전하라 하셨던 하나님은 이제 "숨으라"고 명령하십니다. 의로운 분노로 가득한 엘리야에게 있어서 나아가 경고하는 것과 숨는 것 중, 어느 것이 더 순종하기 어려울까요? 왕에게 나아가 경고하는 것은 위험한 일이긴 하지만 의로운 분노를 품고 있는 사람으로서는 기쁜 일이었을 것입니다. 그런데 하나님은 "숨으라"고 하시니 엘리야는 하나님께 반박하고 싶었을지도 모릅니다.

저는 이 부분을 묵상하면서 다음과 같은 생각을 했읍니다.
'하나님께서 왜 숨으라고 하셨을까? 그를 나타나게 하시려고 그를 택하셨던 하나님이 숨으라고 말씀하시다니.'
그리고 제가 만일 엘리야였다면 그때 하나님과 논쟁을 벌였을지도 모릅니다.
"하나님, 무슨 말씀을 하십니까? 저를 그렇게 비겁한 자로 생각하십니까? 제가 하나님의 명령을 믿고 나아가서 아합 왕과 싸웠는데, 그러던 제가 두려워서 숨어야 하다니요?"
혹은 이렇게 말했을 것입니다.

"아니, 하나님! 제가 아합 왕을 그렇게 두려워한다고 생각하십니까? 또는 제가 아합 왕과 싸울 능력도 없는 나약한 사람으로 저를 생각하시는지요? 숨으라니요? 어떻게 그럴 수가 있읍니까?"

그러나 주님은 여전히 『그릿 시내가에 가서 숨으라』고 말씀하십니다. 이것은 다시 말하면 '순종하라'는 명령입니다.

엘리야가 단순히 자기 개인의 욕망만을 추구하는 사람이었다면 그는 이 명령에 복종할 수 없었을 것입니다. 만일 엘리야가 그런 부류의 사람이었다면 아합 왕과 더불어 결전해서 이스라엘 민족사에 자기 이름을 영원히 남기기를 원했을 것입니다.

그러나 엘리야는 "나타나라"와 "숨으라"는 하나님의 명령에 다 순종할 수 있었읍니다.

많은 사람들이 나타나라는 명령을 순종하기에는 그렇게 어렵지 않을 것입니다. 그러나 숨으라는 명령에는 과연 몇 명이나 순종할 수 있을까요? 내가 사람들 앞에 등장하고, 내가 모든 일을 맡아서 수고하고 애써서 사람들에게 칭찬받는 그런 일들을 하기는 어렵지 않습니다. 그러나 주께서 "숨으라! 지금은 잠잠해야 할 때다"라고 말씀하실 때 당신은 이 명령에 순종할 수 있읍니까?

만용은 용기가 아닙니다. 마태복음 10장 23절의 말씀을 보면 주님께서 제자들에게 전도 훈련을 시키시면서 다음과 같은 말씀을 하셨읍니다.

"이 동네에서 너희를 핍박하면 저 동네로 피하라."

주님은 안 되는 일을 억지로 목숨 걸고 하지 말라고 말씀하셨읍니다. 쓸데없는 만용을 용기로 착각하지 마십시오.

주님은 왜 엘리야에게 숨으라고 명령하셨을까요? **주님은 용기보다 순종이 더 귀하다는 놀라운 교훈을 엘리야에게 가르치기 원하셨읍니다.** 또한, 그릿 시냇가의 조용한 장소에서 엘리야로 하여금 하나님과 교제하는 일의 중요성을 깨닫게 하시기를 원하셨던 것입니다. 이렇게 해서 엘리야는 일생에 있어서의 참으로 귀중한 시간을 가질 수 있었읍니다.

그런데 평소에 하나님과 단 둘이 있는 것을 즐기지 못하여 기도하려고 하면 좀이 쑤시는 그런 사람들이 만일 엘리야와 같은 상황에 처한다면 주님과 단 둘이 있을 수 있는 시간을 어떻게 즐길 수 있겠읍니까? 마찬가지로 만일 엘리야가 평소에 하나님과의 개인 교제를 즐기지 못했다면 그릿 시냇가에서의 혼자 있는 시간을 견딜 수 없었을 것입니다.

『천로역정』의 저자, 존 번연은 평소에 하나님과 교제하는 시간을 다른 어떤 시간보다도 소중하게 여겼읍니다. 그러던 어느 날 그에게 감옥에 들어가야만 하는 순간이 찾아왔읍니다. 불행한 시기였으나 한편 또 얼마나 좋은 기회입니까? 존 번연은 감옥의 밀실에서 하나님과 개인적으로 깊이 교제하며 그것을 통해서 천로역정이라는 위대한 작품을 남길 수 있는 계기가 되었던 것입니다. 그는 평소에 하나님과 교제하는 시간을 가졌기에 어두움 속에서의 그 외로움을 하나님과 더불어 견딜 수 있었던 것입니다.

이와 같이 엘리야도 평소에 하나님과 교제해 왔기에 그릿 시냇가에서의 외로운 시간을 잘 보낼 수 있었읍니다. 그리고 하나님의 말씀을 신뢰하고 있었으므로 그분의 "숨으라"는 명령에 기꺼이 복종할 수 있었읍니다.

□ 약속
본문 4 절을 보십시오.
"그 시냇물을 마시라 내가 까마귀들을 명하여 거기서 너를 먹이게 하리라."
하나님은 이토록 세심한 약속까지 해 주셨읍니다.

□ 응답

5절 이하의 말씀을 보십시오.

"저가 여호와의 말씀과 같이 하여 곧 가서 요단 앞 그릿 시냇가에 머물매 까마귀들이 아침에도 떡과 고기를, 저녁에도 떡과 고기를 가져왔고 저가 시내를 마셨더니"(5,6 절).

하나님의 명령에 순종했을 때 그분의 약속대로 이루어진 하나님의 응답을 보십시오.

한편 하나님은 자신의 응답을 위해 까마귀를 사용하셨습니다. 레위기를 보면 까마귀는 부정한 새로 취급됩니다. 그런데 하나님은 왜 부정한 까마귀를 사용하셨을까요? 하나님은 때때로 그렇게 하십니다.

모세를 기르게 하시기 위하여 하나님은 누구를 사용하십니까? 유대인의 적이었던 바로의 공주를 사용하셨습니다.

초대 교회 시절, 하나님께서 이방을 향하여 복음을 전하는 위대한 사도로서 누구를 택하셨습니까? 그리스도인들을 제일 박해하고 핍박하던 사울을 택하셨습니다.

하나님은 이처럼 인간의 고정관념을 깨뜨리는 파격적인 일을 종종 하십니다. 그러므로 하나님을 우리의 고정관념의 틀 속에 집어 넣지 마십시오.

하나님이 만일 까마귀를 사용하지 않으시고 사람으로 하여금 엘리야에게 음식을 공급하도록 하셨으면 어떻게 되었을까요? 혹은 어떤 가축이 먹을 것을 정기적으로 나르도록 했으면 어떻게 되었을까요? 아합 왕에게 엘리야가 어디에 숨어 있는지 발각되었을지도 모릅니다. 그러나 누가 새를 의심하겠습니까? 새 중에서도 그 불결한 까마귀를 의심할 사람이 어디에 있겠습니까?

하나님은 놀라우신 분입니다. 저는 이 말씀을 묵상하면서 신기하고 놀라운 이 하나님의 은혜에 참으로 감사하지 않을 수 없었습니다.

5절을 다시 봅니다.

"저가 여호와의 말씀과 같이 하여 곧 가서 요단 앞 그릿 시냇가에 머물매."

엘리야는 하나님의 "숨으라"는 명령에 곧 순종한 것입니다. 그 결과, 어떻게 되었읍니까?

"까마귀들이 아침에도 떡과 고기를, 저녁에도 떡과 고기를 가져왔고 …."

이 응답은 하나님의 말씀에 대한 순종으로 말미암아 이루어진 결과였읍니다. 우리가 하나님이 원하시는 장소에 있기만 하면 하나님은 반드시 책임지십니다. 우리는 단지 순종하기만 하면 책임은 하나님이 지십니다.

제 동생 중 신학교를 나온 전도사인데도 예수님을 시원치 않게 믿었던 동생이 있읍니다. 그래서 제가 어느 날 기도하는 마음으로 동생에게 이런 도전을 했읍니다.

"너는 하나님과 개인적으로 교제할 수 있는 시간을 많이 가져야 할거야. 모든 환경에서 끊어진 그런 절박한 상황 속으로 들어가 너 자신을 훈련할 필요가 있어."

그런 후 저는 동생을 돕기 위하여 기도하면서 장소를 물색하다가 강원도 삼척에서도 한참 들어가서 버스도 다니지 않는 곳을 찾았읍니다. 교회는 있는데 장년이 두 명 뿐인 곳이었읍니다. 그곳에서 전도사 생활을 해보라고 동생에게 권했읍니다. 그곳에서 전도사 생활을 얼마동안 하던 그는 놀랍게도 변화하기 시작했읍니다. 거기에서 하나님을 의지하는 훈련을 배웠던 것입니다.

처음에 동생에게 그곳에 가라고 권유했을 때 동생은 이렇게 말했읍니다.

『형님, 그런 곳에서 어떻게 삽니까? 뭘 먹고 살구요?』

그곳에 월급이라는 것은 아예 없었기 때문이었읍니다. 그래서 저는 동생과 같이 기도하면서 다음과 같은 말을 여러번 했읍니다.
"원하시는 장소에 있기만 하면 하나님이 책임을 지신다."
『아, 그래도 어떻게 그럴 수가 있읍니까? 형님이 좀 도와주십시오』
라며 동생은 걱정스러워했읍니다. 그래도 저는 냉정하게 절대로 도와
줄 수 없으니 주님만 의지하라고 했읍니다. 그를 훈련시키기 위해서
였읍니다.

그렇게 걱정하며 떼를 쓰던 그가 거기에서 주님을 의지하면서 하나
님이 공급하시는 사랑을 배운다고 간증할 때에 제 마음 속에 얼마나
커다란 기쁨이 있었는지 알 수 없읍니다.

창세기 24 장 27 절을 보면 아브라함의 아들, 이삭의 신부감을 구
하기 위해서 멀고 힘든 여행을 하였던 아브라함의 종은 마침내 이삭
의 신부감을 구하고 다음과 같이 고백합니다.
"가로되 나의 주인 아브라함의 하나님 여호와를 찬송하나이다 나의
주인에게 주의 인자와 성실을 끊이지 아니하셨사오며 여호와께서 길
에서 나를 인도하사 내 주인의 동생 집에 이르게 하셨나이다 하니
라."
아브라함의 종은 아브라함의 명령에 순종하여 하나님을 신뢰하며 여
행을 하였기에 마침내 이삭의 신부감을 발견할 수 있었던 것입니다.
이처럼 우리가 주님께 순종하면 주님은 우리를 반드시 인도하십니다.

여기, 엘리야의 순종을 시험하시는 하나님을 보십시오.
"제가 왜 비겁하게 숨어야 합니까? 하나님, 제가 왜 하필이면 부정
한 새인 까마귀가 운반하는 음식을 먹고 살아야 합니까?"
이런 불만을 얼마든지 토할 수 있는 상황이었읍니다. 그러나 하나님
은 엘리야의, 말씀에 대한 순종을 엘리야의 생애를 통하여 보고 싶으
셨던 것입니다. 그리고 엘리야가 그분께 순종할 때마다 하나님께서는
엘리야의 걸음을 한 걸음, 한 걸음 인도하십니다. 한꺼번에 인도하지
않으시고 꼭 한 걸음씩만 보여주십니다.

빌리 그래함 목사님과 사역을 같이 하시는 분 가운데 한국인 아가씨가 한 분 있는데, 킴 웍스라는 맹인 아가씨입니다. 한국전쟁 때 실명을 했고 고아원에서 자라났는데, 어떤 미군 중사의 도움으로 미국에 가서 인디아나 주립대학에서 공부하고 또 오스트리아에서 성악 수업을 하여 훌륭한 성악가가 되었읍니다. 이러한 그녀가 예수를 믿고 놀라운 간증을 갖게 되어 빌리 그래함 목사님과 함께 집회를 할 때마다 간증을 하게 된 것입니다. 어느 날 저는 그녀의 다음과 같은 간증을 들었읍니다.

"사람들이 장님인 나를 인도할 때 저, 100 미터 전방에 뭐가 있다고 말하지 않습니다. 단지, 앞에 물이 있으니 건너 뛰라고 말하고 층계가 있으니 발을 올려 놓으라고 말합니다. 나를 인도하시는 분을 내가 믿고 한 걸음씩 걸음을 옮기기만 하면 나를 인도하시는 분이 성실할 때 나는 내가 가고자 하는 목적지에 꼭 도착을 합니다. 하나님이 우리를 인도하시는 방법도 이와 같습니다. 우리는 10 년 후를 알지 못합니다. 20 년 후도 알지 못합니다. 또 알고자 하지도 않습니다. 오늘 무엇을 해야 할 것인가를 보이시는 그 하나님께 믿음으로 순종하면서 오늘을 살면 하나님은 내일을 인도하셔서 마침내 내 생애를 하나님이 약속하시고 계획하신 그곳에 도달케 하실 것입니다."

엘리야의 문제도 그릿 시냇가에 가서 무엇을 먹으며 무엇을 마실 것인가가 아닙니다. 하나님의 말씀에 대한 순종이 문제였읍니다. 아모스 선지자가 말했듯이 "양식이 없어 주림이 아니며 물이 없어 갈함이 아니요 하나님의 말씀을 듣지 못한 기갈"(암 8:11)이 진정한 문제입니다.

엘리야는 순종했으므로 까마귀를 통하여 음식을 공급받았읍니다. 까마귀가 엘리야를 살렸다고 생각지는 마십시오. 그 까마귀의 하나님이 엘리야를 살리신 것입니다. 까마귀는 도구에 불과합니다. 그때 까마귀를 쓰셨던 하나님은 오늘도 내 생애 속에 간섭하시고 역사하십니다. **순종하면 지금도 하나님은 초자연적인 방법으로 역사하십니다.**

미국의 복음적인 신학교인 달라스 신학교의 역사 속에는 다음과 같은 아름다운 일화가 전해 내려오고 있읍니다.

달라스 신학교가 지금은 미국에서 가장 훌륭한 신학교가 되어 있지만 1924년 경에는 빚 때문에 폐교의 위기에 처해 있었읍니다. 그러나 언제나처럼 이 학교를 설립하신 루이스 쉐퍼 박사와 하나님의 사람들은 문제가 생겼다고 의논하지 않았읍니다. 회의도 하지 않았읍니다. 그들은 단지 기도만 할 뿐이었읍니다. 쉐퍼 박사와 학교를 돕고 있었던 분들과 교수님들은 함께 깊은 기도에 들어갔읍니다. 학장실 문을 잠그고 이 학교를 처분할 것이냐는 문제를 두고 진지하게 주님께 기도하기 시작했읍니다.

그때 쉐퍼 박사 바로 옆자리에 해리 아이언사이드라는 유명한 하나님의 사람이 앉아 있었읍니다. 그는 성경주석도 많이 저술한 위대한 복음전도자였읍니다. 이 분의 기도 차례가 되자 그는 다음과 같은 기도를 했읍니다.

"주님, 당신은 모든 산과 모든 언덕과 그리고 모든 가축들을 소유하고 계시는 부자가 아니십니까? 그 가축들 중 얼마를 팔아서 돈을 보내주셔서 이 학교의 빚을 무사히 갚고 학생들을 계속 양육할 수 있도록 도와주시옵소서."

이러한 기도가 계속되고 있는 동안에 이상스러운 일이 일어났읍니다. 달라스 카우보이의 모자와 구두를 신은 어떤 사람이 서무실에 들어오더니 다음과 같은 말을 하는 것이 아닙니까?

"저는 달라스의 카우보이입니다. 저는 오늘 마차 두 개에 가축을 가득 싣고 시장에 가서 그 가축들을 다 팔았읍니다. 그 돈을 가지고 저는 다른 데에 투자할 생각이었읍니다. 그런데 왠지 모르게 제 마음속에 이것을 더욱 보람있는 일에 써야 한다는 생각이 떠올랐읍니다. 그래서 이 돈을 기부하기로 결심하였읍니다. 이 돈을 받아주십시오."

서무실의 아가씨는 영문도 모르고 그 돈을 가지고 황급히 학장실로 뛰어갔습니다. 가니까 막 "예수님의 이름으로 기도합니다"라는 소리가 들렸습니다. 그래서 학장님에게 손님이 왔다고 말하고 어느 분이 자기의 마차 둘에 실려있던 모든 가축을 팔아서 그 돈을 우리 학교에 기증하려고 왔다는 이야기를 했습니다. 그 수표를 받아든 쉐퍼 박사는 손님과 만난 후 다시 학장실로 들어오면서 자기 옆에 앉아서 기도했던 이이언사이드 박사의 어깨를 툭 치며 이렇게 말했습니다.

"목사님, 주님께서 방금 가축을 팔아서 이 수표를 보내주셨습니다."

이처럼 하나님은 정확하시고 세심하시며 고마우신 분이십니다. 당신도 하나님의 말씀에 순종해 보십시오. 놀라운 일을 체험하게 될 겁니다.

□ 시험

6 절 이하의 말씀을 보십시오.

"까마귀들이 아침에도 떡과 고기를 저녁에도 떡과 고기를 가져왔고 저가 시내를 마셨더니 땅에 비가 내리지 아니하므로 얼마 후에 그 시내가 마르니라"(6,7 절).

물이 마르기 시작했습니다. 하나님은 왜 엘리야를 강으로 인도하지 않으시고 시냇가로 인도하셨을까요? 하나님이 엘리야를 강가로 인도하셨다면 물을 얼마든지 마실 수 있었을텐데 왜 시냇가로 인도하셨을까요?

그러나 여기에 또 하나님의 놀라운 지혜가 있었습니다. 하나님은 엘리야를 조그만 시냇가로 인도하셔서 엘리야가 하나님을 열심히 의지할 수밖에 없도록 하신 것입니다.

당신은 왜 하나님이 당신에게 필요 이상으로 과하게 축복해 주시지는 않을까를 궁금하게 여긴 적이 있습니까? "하나님, 왜 저에게 한꺼번에 복을 쏟아부어 주시지는 않으십니까?"라며 불평해 본 적은 없습니까?

신명기 32장 15절의 말씀을 통해서 그 대답을 찾아 보십시오. "그러한데 여수룬이 살찌매 발로 찼도다 네가 살찌고 부대하고 윤택 하매 자기를 지으신 하나님을 버리며 자기를 구원하신 반석을 경홀히 여겼도다."
그렇습니다. 우리가 너무 배부를 때는 하나님을 망각할 수 있기 때문 입니다. 그래서 하나님은 축복을 감당할 만한 사람에게 더 많은 축복 을 주시는지도 모르겠습니다. 그러나 당신에게 하나님을 망각할 가능 성이 있다면 더 이상의 축복을 주시지 않는 하나님께 오히려 감사와 찬양을 드리십시오.

한편, 엘리야를 도우신 하나님의 기적의 손길에서 우리는 **두 가지** 교훈을 발견할 수 있읍니다.

첫째로, 하나님은 우리를 세밀하게 도우신다는 것입니다.
열왕기상 18장 4절을 보십시오.
"이세벨이 여호와의 선지자들을 멸할 때에 오바댜가 선지자 일백 인 을 가져 오십 인씩 굴에 숨기고 떡과 물을 먹였었더라."
이 장면은 하나님이 오바댜 선지자를 통해서 역사하시는 장면입니다. 그러나 이것은 까마귀 등을 통한 직접적인 역사가 아니라 간접적인 역사입니다. 이 때는 떡과 물만을 선지자들에게 공급했지만 까마귀를 통해 직접 역사하실 때는 떡 뿐만 아니라 고기도 공급하셨읍니다. 즉, 하나님은 자신이 직접 역사하실 땐 더욱 세밀하게 우리의 필요를 충족시켰던 것입니다.

둘째로, 하나님은 우리에게 기적으로만이 아니라 일상 생활을 통하여서도 은혜를 베푸신다는 것입니다.
하나님은 엘리야에게 까마귀를 통한 음식의 공급 등과 같은 기적을 때때로 베푸시기도 하지만 시냇물을 마시게 하는 일상의 은혜도 베푸 셨읍니다. 이런 생각을 해 보신 적이 있읍니까?

"왜 하나님은 물까지 까마귀를 통해서 공급하시지 않았을까?"

하나님은 우리의 생활 속에서 모든 것을 기적으로 역사하시는 것은 아닙니다. 어떤 일은 기적으로 역사하실 수 있습니다. 그러나 항상 기적으로 역사하시는 것은 아닙니다. 오히려 일상 생활의 구석구석에 하나님은 우리를 향한 은혜와 사랑을 베풀어 놓으셨습니다. 당신은 극적인 일에만 감탄하고 감격하면서 일상의 놀라운 은혜는 간과하고 있지는 않습니까? 날마다 우리에게 공급되는 음식, 날마다 편하게 입을 수 있는 의복, 우리가 날마다 지니고 있는 건강, 교회에 마음껏 다닐 수 있는 자유. 우리는 이런 것들로 인해서도 감사할 줄 알아야 하겠읍니다.

일상적인 축복으로 그에게 주어진 시냇물로 목을 축이던 엘리야는 이제 시냇물이 말라버리는 시험을 직면합니다. 엘리야는 이제 어떻게 이 시험에 대처해 나갈까요?
어느 날 갑자기 일상 생활의 축복을 잃어버렸읍니다. 그렇게 건강했던 내가 갑자기 건강을 상실했읍니다. 그렇게 잘 되던 사업이 갑자기 파업의 위기에 이르렀읍니다. 그러할 때 당신은 이에 어떻게 대처하겠읍니까?

엘리야는 고민했을지도 모릅니다.
"내가 이제 떠날 것인가 아니면, 그대로 머물 것인가?"
8절 이하의 말씀을 보십시오.
"여호와의 말씀이 엘리야에게 임하여 가라사대 너는 일어나 시돈에 속한 사르밧으로 가서 거기 유하라 내가 그곳 과부에게 명하여 너를 공궤하게 하였느니라"(8,9절).
엘리야에게 시험이 닥쳤을 때도 하나님이 계속 인도하고 계시는 장면을 볼 수 있읍니다. 그렇습니다. 환경은 변하지만 하나님은 변하지 않으십니다. 환경이 변하는 것이 문제가 아닙니다. 사업이 잘 되느냐 못 되느냐 건강한가 건강하지 못한가 그런 것이 문제가 아닙니다. 문제는 변함없이 역사하시고 말씀하시는 하나님께 내가 믿음으로 응답하며 믿음으로 순종하고 있느냐는 데에 있습니다.

　엘리야는 어떤 상황 속에서도, 즉 하나님의 명령이 주어졌을 때나 약속이 주어졌을 때나 응답받을 때나 시험이 닥쳐왔을 때도 고요히 주님을 기다리며 주님이 역사하실 것을 믿고 늘 믿음으로 응답하였습니다.
"또 약속하신 이는 미쁘시니 우리가 믿는 도리의 소망을 움직이지 말고 굳게 잡아"(히 10:23) 믿음으로 살아가는 자들이 됩시다.

3

시련의 학교에서

우리는 앞에서 주께서 엘리야 선지자를 아합 왕 앞에 세워 수년간 이스라엘 땅에 비가 오지 않을 것이라는 심판과 저 주의 멧세지를 전달하게 하시고는 즉시 그를 그릿 시냇가로 이끄셨던 장면을 보았읍니다. 그리고 그가 그릿 시냇가에 숨어 있는 동안 하나님은 까마귀를 통해서 떡과 고기로 그의 일용할 양식을 공급하시어 그가 시냇가에 머물러 있는 동안에 그의 생애를 책임지시고 인도하시던 하나님의 사랑을 보았읍니다.

1. 위기에 직면함

그런데 이 그릿 시냇가에 한 위기가 찾아왔읍니다. 본문 7 절을 보십시오.
"땅에 비가 내리지 아니하므로 얼마 후에 그 시내가 마르니라."
엘리야의 목을 축이던 그 시내의 근원이 점차 마르기 시작했읍니다. 하나님이 그를 분명히 그릿 시냇가로 인도하셨읍니다. 그런데 그 물이 말라갑니다. 이것은 엘리야의 생애에 찾아온 중대한 위기가 아닐 수 없읍니다. 그러나 바로 그 위기를 통해서 하나님은 엘리야의 생애를 주께서 목표하신 그 방향과 장소를 향해서 한 걸음씩 인도하고 계시다는 이 놀라운 사실을 우리는 똑똑히 발견할 수 있어야 합니다.

그리스도인들에게 있어서 위기라는 것은 결국 하나님께서 우리를 인도하시기 위한 한 기회에 불과한 것입니다. 그분이 우리에게 한 문을 닫으실 땐 또 다른 문을 여셔서 우리로 하여금 계속해서 걸어 나가게 하십니다.

엘리야에게 있어서 이 그릿 시냇가에 머물러 있는 동안의 시간은 어떤 의미에서는 지루한 기다림의 시간이었을지도 모릅니다. 적어도 한 일 년간을 그는 그릿 시냇가에 머물러 있었을 것입니다. 그러나 언제나 그러했던 것처럼 하나님의 사람, 엘리야는 믿음과 인내로써 이 그릿 시냇가의 시간들을 보내었읍니다. 그러나 그릿 시냇가의 물이 말라버렸을 때 그는 이제 자신의 행동을 결단해야 했읍니다. "나는 그대로 이 시냇가에 머물러 죽음을 기다려야 하는가 아니면 이제 물이 있는 다른 장소를 찾아 나서야 하는가?"

이런 선택의 기로 앞에 직면한 것입니다. 그러나 그는 "그래, 우선 물을 찾아야겠어"라며 즉시 일어나서 행동을 시작하지 않았읍니다. 여전히 엘리야는 기다렸읍니다. 하나님의 분명한 지시가 있을 때까지 결코 움직이지 않았읍니다.

여기서 우리가 배워야 할 교훈이 있읍니다. **엘리야는 주님으로부터 분명한 지시를 받을 때까지는 한 걸음도 움직이지 않았읍니다.** 그리고 마침내 하나님의 말씀이 임해서 가라고 명령하셨을 때 그때에야 비로소 지체없이 순종하여 즉각적인 행동을 개시하였읍니다. 이것이 모든 시대의 그리스도인들의 삶의 특성입니다. 성숙한 신앙의 사람일수록 하나님의 때를 기다립니다. 그리고 주께서 말씀하시는 대로 움직입니다. 주님의 말씀이 없으면 그리고 자기의 행동이 하나님의 뜻이라는 확신이 없을 때는 결코 움직이지 아니하며 하나님의 뜻을 찾습니다. 이러한 삶의 태도야말로 모든 그리스도인들이 집요하게 추구해야 할 삶의 모본입니다.

옛날 이스라엘 백성들을 생각해 보십시오. 광야에서 여행하던 이스라엘 백성들은 하나님께 그들을 인도하기 위해서 보내 주셨던 구름이 진행할 때 그들도 움직이고 구름이 머무는 곳에 그들도 머물렀던 사실을 우리는 성경에서 볼 수 있습니다. 하나님의 인도와 이스라엘 백성들의 보조가 발맞추어진 그 한 걸음 한 걸음은 실로 신앙의 발걸음이었읍니다. 민수기 9장 18절 이하의 말씀을 보십시오.

"이스라엘 자손이 **여호와의 명을 좇아** 진행하였고 **여호와의 명을 좇아** 진을 쳤으며 구름이 성막 위에 머무는 동안에는 그들이 유진하였고 구름이 장막 위에 머무는 날이 오랠 때에는 이스라엘 자손이 **여호와의 명을 지켜** 진행치 아니하였으며 혹시 구름이 장막 위에 머무는 날이 적을 때에도 그들이 **다만 여호와의 명을 좇아** 유진하고 **여호와의 명을 좇아** 진행하였으며 혹시 구름이 저녁부터 아침까지 있다가 아침에 그 구름이 떠 오를 때에는 그들이 진행하였고 구름이 밤낮 있다가 떠 오르면 곧 진행하였으며 이틀이든지 한 달이든지 일 년이든지 구름이 성막 위에 머물러 있을 동안에는 이스라엘 자손이 유진하고 진행치 아니하다가 떠 오르면 진행하였으니 곧 그들이 **여호와의 명을 좇아** 진을 치며 **여호와의 명을 좇아** 진행하고 또 모세로 전하신 **여호와의 명을 따라** 여호와의 직임을 지켰더라"(18–23 절).

이 짧은 본문 안에 계속해서 강조되고 있는 이 단어를 보십시오. **"여호와의 명을 좇아."**
저는 이 민수기 9장을 "여호와의 명을 좇아 행하는 위대한 장"이라고 부르고 싶습니다. 보십시오, 그들은 하나님의 명령대로 진행합니다. 주님의 명령대로 그 자리에 머뭅니다. 주님의 명령이 없을 때는 말하지도 아니합니다. 주님의 명령을 좇아 말합니다. 주님의 명령을 좇아 엎드립니다. 그리고 주님의 명령을 좇아 나아갑니다. 여기, 하나님의 명령의 말씀에 붙잡혀 삶을 살고 있는 하나님의 백성들의 모습을 보십시오. 당신은 주님이 말씀하시는 대로 살고 있읍니까? 진정으로 주님의 명령을 좇아 행하고 있다고 고백할 수가 있읍니까?

2. 하나님의 말씀이 임함

이제, 8절을 보십시오.
"여호와의 말씀이 엘리야에게 임하여 가라사대."
시내가 말라서 목이 갈할 때 하나님의 말씀을 기다리던 엘리야에게 드디어 그분의 말씀이 임하였읍니다. 주님의 말씀이 임하지 않는다면 우리는 어떻게 우리 삶의 방향을 알 수가 있읍니까?
　말씀이 임하는 방법이 시대에 따라 달라졌을 뿐 하나님의 말씀의 임재는 항상 있어 왔읍니다. 구약 시대에는 선지자를 통하여 말씀하셨읍니다. 초자연적인 계시를 통하여 말씀하셨읍니다. 그러나 때가 이르렀을 때 하나님은 그 아들을 세워 말씀하셨읍니다. 그리고 지금은 그 아들 예수 그리스도를 증언하는 성령의 감화 감동으로 기록하신 성경 말씀을 통해서 주의 말씀이 하나님의 백성들에게 임하고 있읍니다. 당신은 아침마다 경건의 시간을 가지며 성경을 펼쳐 묵상할 때 주님의 말씀이 당신에게 임하는 체험을 하십니까? 일용할 영의 양식이, 오늘을 사는 내 삶의 푯대를 지시하는 주의 말씀이 내 삶의 육의 양식과 더불어 섭취되고 있읍니까? 이 말씀을 받아 먹으며 이 말씀대로 좇아 사는 삶이 당신의 생활 속에도 이루어지고 있읍니까? 엘리야의 생애 속의 그 놀라운 능력의 비밀은 바로 이 말씀 속에 있었읍니다.

3. 하나님의 말씀에 순종함

이제 9 절 이하의 말씀을 보십시오.
"너는 일어나 시돈에 속한 사르밧으로 가서 거기 유하라 내가 그곳 과부에게 명하여 너를 공궤하게 하였느니라 **저가 일어나 사르밧으로 가서** …"(9,10 절).
이처럼 엘리야는 하나님의 말씀에 민감하여 하나님의 말씀이 임하자 즉각적으로 순종하였읍니다. 당신에게 주님의 말씀이 임했을 때 당신도 엘리야처럼 즉각적으로 순종할 수 있읍니까?

엘리야의 입장에 처했을 때 우리 같으면 얼마나 하나님을 향해서 불평 불만을 토로할 수밖에 없는 상황입니까?

"하나님! 저는 하나님이 인도하셔서 그릿 시내로 왔읍니다. 그런데 이제 먹을 물조차 말라갑니다. 이것이 주님의 사랑입니까? 이것이 주님의 은혜요 축복입니까?"
이처럼 얼마든지 하나님께 반항하며 하나님께 불평을 토할 수 있는 상황이었읍니다. 그러나 엘리야는 불평하지 않았읍니다. 그는 끝까지 겸손하게 인내하며 주님의 인도를 기다렸던 것입니다.

우리는 원망과 불평을 할 수밖에 없는 어둠과 역경 속에서도 묵묵히 주님의 말씀을 기다리며 그 말씀이 임했을 땐 그 말씀을 믿고 즉각 순종한 엘리야에게서 배워야 할 것입니다. 왜냐하면 환경이 변하여도 하나님의 사랑은 변함이 없기 때문입니다. 환경은 얼마든지 달라질 수 있읍니다. 나를 둘러싼 환경은 시시각각으로 변합니다. 그러나 하나님은 한 가지 환경을 통해서만 우리에게 역사하시는 것은 아닙니다. 그분은 다양한 방법으로 우리 삶의 모든 환경을 바꾸어 가면서 우리에게 역사하십니다. 그리고 주님의 사랑과 주님의 신실하심과 주님의 선하심과 인자하심은 어느 시대, 어느 장소, 어떤 상황 속에서도 변함이 없으십니다. 영원하십니다.
"산들은 떠나며 작은 산들은 옮길지라도 나의 인자는 네게서 떠나지 아니하며 화평케 하는 나의 언약을 옮기지 아니하리라 너를 긍휼히 여기는 여호와의 말이니라"(사 54:10).

엘리야는 변함없으신 하나님을 끝까지 신뢰했기에 하나님으로부터 "사르밧으로 가라"는 명령을 받자 즉각 순종할 수 있었읍니다.
"너는 일어나 시돈에 속한 사르밧으로 가서 거기 유하라 … 저가 일어나 사르밧으로 가서 ….."
그릿 시냇가에서 사르밧까지는 약 120km 정도의 사막이 펼쳐져 있읍니다. 햇볕이 뜨겁게 내리쬐는 이 사막의 거리를 기갈 상태에 놓여 있는 엘리야가 어떻게 통과할 수 있읍니까? 그는 다음과 같이 말할 수도 있었읍니다.
"하나님, 피곤하고 지친 저를 왜 그런 곳으로 가게 하십니까?"
그러나 그는 묵묵히 주님의 명령을 따랐읍니다. 주께서 말씀하셨기 때문에 이유가 없었던 것입니다. 그는 하나님의 인도하심에 대해서 아무런 이의가 없었읍니다. 다만 순종할 뿐이었읍니다. 그리하여 엘리야는 무더운 사막을 통과해 사르밧을 향해 걸어갔읍니다.

그런데 하나님께서 말씀하시기를, "…내가 그곳 과부에게 명하여 너를 공궤하게 하였느니라"고 하십니다. 그동안 까마귀를 사용하셨던 하나님은 이제 과부를 사용하십니다.
말 못하는 짐승이 물어다 주는 음식을 먹었던 엘리야는 사람의 따뜻한 손으로부터 제공되는 음식을 얼마나 먹고 싶었을까요? 그리고 사람과의 만남을 얼마나 그리워하였을까요? 하나님은 이러한 상황들도 세밀히 검토하셨을지도 모릅니다. 한편 엘리야는 하나님이 어느 과부를 예비하시고 계시다는 말씀을 듣고 이런 생각을 했을지도 모릅니다.
"하나님께서는 아마 어느 부유한 과부를 택하셔서 나에게 풍성한 양식을 먹이시려고 준비하고 계시나보다."

　그러나 10절 이하의 말씀을 보십시오.
"저가 일어나 사르밧으로 가서 성문에 이를 때에 한 과부가 그곳에서
나무가지를 줍는지라 이에 불러 가로되 청컨대 그릇에 물을 조금 가
져다가 나로 마시게 하라 저가 가지러 갈 때에 엘리야가 저를 불러
가로되 청컨대 네 손에 떡 한 조각을 내게로 가져오라 저가 가로되
당신의 하나님 여호와의 사심을 가리켜 맹세하노니 **나는 떡이 없고 다
만 통에 가루 한 움큼과 병에 기름 조금뿐이라** 내가 나무가지 두엇을 주
어다가 나와 내 아들을 위하여 음식을 만들어 먹고 그 후에는 죽으리
라"(10-12절).
하나님은 이처럼 죽기 직전에 있는, 병에 마지막으로 조금 남은 기름
몇 방울과 가루 한 움큼만을 가진 과부를 만나게 하셨습니다.

　하나님의 이 오묘하신 섭리를 보십시오. 우리로서는 도저히 이해할
수 없는, 얼른 납득이 가지 않는 하나님의 놀라운 섭리를 보십시오.
과부는 이스라엘 사람이 아닌 시돈 사람, 이방인이었습니다. 또한 시
돈은 이세벨의 고향입니다. 하나님의 섭리가 얼마나 놀랍습니까? 바
로 엘리야를 죽이려고 뒤를 쫓고 있는 대적의 고향을 그의 피난처로
삼으시다니! 또한 그 과부는 부유한 과부가 아니라 아주 가난한 과
부였습니다. 자기 생계도 지탱하기 어려워 죽기 직전에 있는 과부를
하나님은 만나게 하신 것입니다. 하나님은 왜 이렇게 역사하실까요?
하나님만을 의지하도록 하시기 위해서였습니다. 이것이야말로 하나
님의 섭리를 이해하는 열쇠입니다.

　다시, 10절 이하에 나타나는 엘리야의 절대적인 순종을 보십시
오. 하나님이 말씀하셨으므로 엘리야는 순종합니다. 하나님이 가라
고 하셨으므로 그는 갔습니다. 그래서 사르밧에 도착했습니다. 거기
에서 하나님이 과부를 만나라고 말씀하셨으므로 그는 과부를 만났습
니다.
　당신이 만일 엘리야였다면 과부를 만나서 그 과부가 그토록 가난하

다는 사실을 알게 되었을 때 뭐라고 말했을까요?

"어이쿠, 잘못 온 것 같아. 여기서 내가 어떻게 살 수 있을까?"

그러나 엘리야는 여전히 순종했읍니다. 그런데 **엘리야의 순종하는 태도**는 어떠했을까요?

첫째로, 엘리야는 사람에게 예의를 다하였읍니다.

"… 한 과부가 그곳에서 나무가지를 줍는지라 이에 불러 가로되 **청컨대** 그릇에 물을 조금 가져다가 나로 마시게 하라"(10 절).

여기서의 "청컨대"라는 말은 히브리 원어로는 상당한 경어의 표현입니다. 이제 11 절을 봅니다.

"저가 가지러 갈 때에 엘리야가 저를 불러 가로되 **청컨대** 네 손에 떡 한 조각을 내게로 가져오라."

엘리야는 그 과부에게 상당한 경어를 계속해서 사용하고 있읍니다. 하나님의 사람, 엘리야는 하나님의 명령을 받고 있으므로 다음과 같이 말할 수도 있었을 것입니다.

"나는 주의 명령을 따라 왔도다. 내게 먹을 것을 내어 놓으라!"

그러나 엘리야는 그런 방법으로 인간에게 접근하지 않습니다. 이 엘리야의 예의바른 태도를 보십시오.

성경상에 나타난 인물들 중 하나님이 귀히 쓰셨던 하나님의 사람들의 생애 속에는 이 탁월하고 민감한 예의와 상식이 그들의 영혼과 삶을 지배하고 있었던 모습을 볼 수 있읍니다. 주님은 무례한 인격을 쓰시지 않습니다. 주님은 겸허하고 예의바른 인격들을 통해서 역사하시며 자신의 영광을 드러내십니다.

"종들아 모든 일에 육신의 상전들에게 순종하되 사람을 기쁘게 하는 자와 같이 눈가림만 하지 말고 오직 주를 두려워하여 성실한 마음으로 하라 무슨 일을 하든지 마음을 다하여 주께 하듯 하고 사람에게 하듯 하지 말라"(골 3:22,23).

어떤 일을 누구에게 하든지 주께 하듯 하십시오. 그리스도인들의 신앙 생활의 핵심이 바로 이것입니다.

"무릇 멍에 아래 종들은 자기 상전들을 범사에 마땅히 공경할 자로 알지니 이는 하나님의 이름과 교훈으로 훼방을 받지 않게 하려 함이라 믿는 상전이 있는 자들은 그 상전을 형제라고 경히 여기지 말고 더 잘 섬기게 하라 이는 유익을 받는 자들이 믿는 자요 사랑을 받는 자임이니라 너는 이것들을 가르치고 권하라"(딤전 6:1,2).
우리는 예수 안에서 한 형제라고 생각하면서 때때로 인간적인 예의를 상실하기가 쉽습니다.
"우리는 다 형제니이까."
그러나 성경은 이렇게 교훈합니다.
"믿는 상전이 있는 자들은 그 상전을 형제라고 경히 여기지 말고 더 잘 섬기게 하라."
인간에 대한 예의에 민감하지 못한 사람들을 하나님이 쓰신 일이 없읍니다. 그러므로 위의 말씀대로 서로에게 예의를 잘 지키며 서로를 존경하는 사람들이 됩시다. 이러한 태도가 없이는 하나님이 우리를 사용하실 수 없다는 사실을 명심해야 할 것입니다.

둘째로, 엘리야는 현실 상황만을 바라보지 않았읍니다.
"…나는 떡이 없고 다만 통에 가루 한 움큼과 병에 기름 조금뿐이라 …"(12 절).
병에 조금 남아 있는 그 기름 몇 방울과 한 움큼의 가루, 이러한 것들이 어떻게 엘리야의 시급한 생계문제를 해결하는 데 유용할 수 있읍니까? 그러나 엘리야는 이런 빈곤한 상황을 바라보지 않았읍니다. 엘리야의 눈은 환경에 고착되어 있지 않았읍니다.

세째로, 엘리야는 하나님 말씀만을 굳게 신뢰했읍니다.
"이스라엘 여호와의 말씀이 나 여호와가 비를 지면에 내리는 날까지 그 통의 가루는 다하지 아니하고 그 병의 기름은 없어지지 아니하리라 하셨느니라"(14절).
이처럼 엘리야는 하나님의 말씀만을 굳게 붙들었읍니다.

참된 신앙은 환경에 근거하지 않습니다. 환경이 유리하게 전개되기 때문에 찬양하는 것이 아닙니다. 참된 신앙은 주님의 말씀만을 붙들고 이 말씀에 모든 것을 걸고 이 말씀의 권위 앞에 모든 것을 내어 맡기는 것입니다. 진정한 기독교 신앙은 움직일 수 없는 말씀의 권위, 말씀의 권세 앞에만 신앙의 뿌리를 내리는 것입니다.

당신의 신앙은 하나님의 말씀을 따라 움직이고 있읍니까? 말씀을 향한 투자는 인생을 건 투자입니다. 시간을 내어 성경을 공부하십시오. 성경을 묵상하십시오. 성도들의 가정을 방문해 보면 성경을 찾지 못해 한참을 뒤적거리고 있는 분들이 많이 있읍니다. 그런 분들을 보면 저의 마음 속에서 거룩한 분노가 치밀어 오릅니다.

당신은 말씀을 읽고 암송하며 말씀을 생활에 적용합니까? 말씀 한 구절을 읽고 이 말씀을 내 생활에 적용하기 위해 몸부림 치며 애써 본 적이 있읍니까? 이러한 경험이 없이 우리가 신앙 생활을 한다고 말할 수 없읍니다.

한편 우리가 흥미롭게 고찰해 볼 수 있는 사건이 있읍니다. 그것은 **하나님이 역사하실 때는 양면으로 역사하신다는 것입니다.** 하나님은 엘리야에게 사르밧으로 가라고 하셨읍니다. 그리고 엘리야가 가는 동안에 하나님은 이 과부의 마음을 움직이십니다.
"어느 낯선 이스라엘 사람을 만나거든 그를 친절히 영접하고 그에게 네 먹을 것을 주라."

하나님께서 야곱에게 "네 아들들을 내려 보내라"라고 말씀하신 후 그 동안에 하나님은 또한 요셉의 마음을 움직이셔서 이 기근 동안에 온 지방에 양식을 풀어 나눠 주게 하십니다.

하나님께서 여호수아를 움직여 정탐꾼을 여리고 땅에 들여 보내게 하신 후, 그 동안 하나님께서는 여리고 성의 기생 라합의 마음을 움직여서 정탐꾼을 맞아들이게 하십니다.

　모르드개는 하나님께 간절히 기도했읍니다.
"하나님 ! 진멸의 위기에 서 있는 유대 민족을 구원하옵소서 !"
그의 기도를 들으신 하나님은 어느 날 아하수에로 왕에게 잠들지 못
하는 밤을 허락하시고 그를 말할 수 없는 번민 가운데서 뒤척이게 하
시다가 일어나서 궁중의 역대일기를 읽게 하십니다. 그리고 모르드개
의 충성을 그에게 상기시키십니다. 그리고 그로 하여금 모르드개에게
은혜를 베풀고자 하는 마음을 불러 일으키십니다.
　이처럼 하나님은 한 사람을 들어 역사하시면서 또 한 편에서는 그
를 도울 자를 예비하십니다. 지구의 각각 다른 방향, 다른 상황 속에
서 역사하시는 시공을 초월한 이 하나님의 위대한 능력을 보십시오.
얼마나 놀라운 일입니까 ?

　사마리아에서 주로 복음을 전하고 있었던 빌립에게 어느 날 하나님
의 사자가 나타나서 "광야의 길로 가라"고 말씀하셨읍니다. 빌립이
그 길을 가는 동안에 한편 하나님께서는 에디오피아의 내시의 마음을
움직여 성경 말씀을 이해 못해 고민하는 마음을 일으키셨읍니다. 그
리하여 빌립이 그에게 다가가서 말씀을 깨우쳐 줄 수 있었읍니다. 하
나님은 항상 이렇게 쌍방으로 역사하십니다.
　의로운 사람 고넬료가 자기 인생의 문제로 고민하고 있었읍니다.
그는 종교적인 사람이었지만 복음을 알지 못하여 기도하며 괴로워하
고 있었을 때에 하나님은 의인의 기도를 들으시고 베드로를 보내십니
다. 하나님은 이렇게 베드로를 이방인, 고넬료의 집에 보내시는 놀라
운 역사를 진행하셨던 것입니다.

4 . 하나님의 말씀에 순종한 결과

여기에서 우리는 하나님의 선지자에게 순종하는 과부의 태도에서 교

훈을 얻고자 합니다. 12 절을 보십시오.

"저가 가로되 당신의 하나님 여호와의 사심을 가리켜 맹세하노니 나는 떡이 없고 다만 통에 가루 한 움큼과 병에 기름 조금뿐이라 내가 나무가지 두엇을 주워다가 나와 내 아들을 위하여 음식을 만들어 먹고 그 후에는 죽으리라."

"진실로 저에게는 떡은 없고 다만 통에 가루 한 움큼과 병에 기름 조금밖에 없읍니다. 이제 나무가지 두엇을 주워다가 아들과 음식을 만들어 먹으려 합니다. 그러고나면 먹을 것이 없어 며칠 견디지 못하고 우린 죽을 것입니다. 형편이 이러하니 어떻게 하면 좋습니까?"

이렇게 여인은 안타까워하면서 엘리야에게 친절하게 대답했읍니다.

이처럼 당신도 손님에게 친절하게 대하십시오. 부지중에 당신은 천사를 대접하게 될지도 모릅니다. 낯선 나그네를 친절하게 영접하십시오. 주님께서 당신의 친절을 잊지 않으실 것입니다. 이름모를 소자에게 냉수 한 그릇을 대접하는 친절을 베푼 것조차 잊지 않으실 것이라고 주님께서 약속하셨읍니다.

이제 본문 13 절의 말씀을 보십시오.

"엘리야가 저에게 이르되 두려워 말고 가서 네 말대로 하려니와 먼저 그것으로 나를 위하여 작은 떡 하나를 만들어 내게로 가져오고 그 후에 너와 네 아들을 위하여 만들라."

그 당시 팔레스타인의 온 땅에 가뭄이 들어 있었읍니다. 기근이 온 땅을 지배하고 있었읍니다. 지금 엘리야가 찾아온 사르밧 땅은 팔레스타인 땅은 아니지만 팔레스타인 땅의 기근이 얼마나 심했던지 그 주변의 다른 땅들까지도 그 영향을 미쳐서 심한 가뭄이 들어 있는 것을 볼 수 있읍니다. 그래서 이 여인이 절망속에서 부르짖었던 것입니다.

"우리는 당신을 대접하고 싶어도 먹을 것이 도무지 없읍니다. 이것밖에는 남은 것이 없어요."

이 여인의 진단이 잘못된 것은 아닙니다. 이 여인은 환경을 올바르게 보고 정확한 진단을 내린 것입니다. **그러나 여인에게 충분한 믿음이 없었던 것 같습니다.** 이 상황 속에서도 역사하시는 하나님을 여인은 바라보지 못했던 것입니다. 비록 이 여인이 하나님의 이름을 부르지만 ….

"저가 가로되 당신의 하나님 여호와의 사심을 가리켜 맹세하노니 …"(12절).

우리의 입술로 종교적인 용어를 사용하는 것과 우리가 믿음이 있다는 것은 별개의 문제입니다. 믿음이 없는 사람들도 주님의 이름을 부릅니다. "주여, 주여"하며 외칠 수 있습니다. 하늘에 계신 아버지 이름을 부를 수도 있습니다. 그러나 막상 이런 절망적인 극한 상황 속에 처할 때 그 상황 속에서도 하나님의 주권과 하나님의 신실하심을 믿을 수 있겠습니까?

요한복음 6장에서 기록하고 있는 벳세다 광야의 사건을 연상해 보십시오. 제자들은 그들의 눈 앞에 예수님을 모시고 있었습니다. 그분은 창조주 하나님이십니다. 그분은 만물을 만드시고 지배하시는 하나님이십니다. 이 전능하신 하나님이 그들 앞에 와 계시는데도 그들은 뭐라고 말합니까?

"여기 한 아이가 있어 보리떡 다섯 개와 물고기 두 마리를 가졌나이다 그러나 그것이 이 많은 사람에게 얼마나 되겠삽나이까"(9절). 제자들의 판단은 정확합니다. 그러나 그들은 그 상황 속에서 하나님을 온전히 바라보지 못하고 있었던 것입니다.

당신은 마음을 다하여 하나님을 바라보십니까? 그리고 당신이 절망적인 환경 속에서도 하나님이 당신에게 찾아오셔서 당신 앞에 와 계시는 사실을 믿으십니까?

그러나 엘리야를 만난 과부는 책임감 있는 여인이었습니다. 자기 자녀에 대해 끝까지 책임지고자 하는 이 여인의 말을 들어보십시오.

"…나와 내 아들을 위하여 음식을 만들어 먹고 그 후에는 죽으리라"

(12 절).
그녀는 자녀들을 향한 책임만은 최후까지 결행하고자 하는 휴머니스
트(humanist)였던 것입니다.
　열왕기하 6 장에 나타나는 그 어머니들에 비하면 이 여인은 훨씬
모성이 강한 여인이었읍니다. 사마리아 성이 아람 군대에게 포위당했
을 때 그들이 몹시 굶주리게 되자 아들들을 삶아 먹었던 것입니다.
"우리가 드디어 내 아들을 삶아 먹었더니 …"(29 절).
그러나 본문의 이 여인은 최후까지 자기 아들을 걱정하며 아들을 위
해서 최선을 다하려는 좋은 마음씨를 가진 여자였읍니다.

　이러한 여인에게 엘리야는 다음과 같이 요구합니다.
"엘리야가 저에게 이르되 두려워 말고 가서 네 말대로 하려니와 **먼저**
그것으로 나를 위하여 작은 떡 하나를 만들어 내게로 가져오고 그 후
에 너와 네 아들을 위하여 만들라"(13 절).
한 움큼의 가루와 병 밑바닥에 남아 있는 기름. 이것을 가지고 음식
을 만들어 먹어도 두 사람에게도 부족한 터에 엘리야는 그것을 가지
고 떡을 만들어 자기에게 달라고 요청하는 것입니다.
　이 말씀에서 "먼저"라는 단어에 주의하십시오.
"먼저 나에게 갖다 주십시오."
이것은 여인에게 있어서 대단히 어려운 신앙의 시험이었읍니다. 당신
이 이러한 상황에 처해 있다면 당신은 어떻게 대처하시겠읍니까? 어
떤 사람이 당신이 먹어야 할 최후의 양식을 달라고 합니다. 줄 수 있
겠읍니까?

　그런데 이 여인의 반응은 어떠한지 살펴봅시다. 우선, 14 절을 보
십시오.
"**이스라엘 하나님 여호와의 말씀이** 나 여호와가 비를 지면에 내리는 날
까지 그 통의 가루는 다하지 아니하고 그 병의 기름은 없어지지 아니
하리라 하셨느니라."

이 순간에 엘리야는 다시 하나님의 말씀으로 돌아갑니다. 그리고 말씀을 다시 붙듭니다. 성도들에게 있어서 생의 위기를 이기는 방법은 항상 말씀을 붙드는 것입니다. 그토록 하나님의 말씀은 힘이 있으며 능력이 있습니다. 어려움을 만날 때마다 말씀을 붙드십시오.

기도의 사람 죠지 뮬러의 인생의 기적도 바로 이 말씀을 붙드는 데에서부터 비롯된 것입니다. 그는 위기에 직면할 때마다 말씀을 붙들고 기도하였습니다. 그래서 일생동안 그는 오만 번 이상이나 기도 응답을 받았습니다. 생각해 보십시오. 당신은 '이것이 기도에 대한 응답이다'라고 생생하게 기억할 수 있는 기도의 응답을 몇 번이나 받았습니까? 뮬러는 오만 번이나 받았습니다. 그토록 기도 응답을 받은 까닭은 그가 말씀을 붙들고 기도하였기 때문입니다.

그 여인이 "양식이 없다"는 부정적인 대답을 했을 때 엘리야는 다시 말씀으로 돌아갔습니다. 그리하여 그 말씀으로 인해 여인은 힘을 얻었습니다. 여인의 마음 속에 믿음이 생기기 시작하였습니다. 말씀은 사람들의 마음 속에 믿음을 가져옵니다. 그래서 믿음은 들음에서 나며 들음은 그리스도의 말씀으로 말미암은 것입니다. **이제 여인은 엘리야가 전한 하나님의 말씀에서 용기를 얻어 곧 순종합니다.** 15절 이하의 말씀을 보십시오.
"저가 가서 엘리야의 말대로 하였더니 저와 엘리야와 식구가 여러 날 먹었으나 여호와께서 엘리야로 하신 말씀같이 통의 가루가 다하지 아니하고 병의 기름이 없어지지 아니하니라"(15,16절).
이처럼 여인은 하나님의 말씀에 힘을 얻어 하나님의 사자인 엘리야의 말에 곧 순종했습니다. 그래서 자신이 지닌 마지막 양식을 하나님의 사자에게 먼저 드렸습니다.

하나님은 남은 찌꺼기를 원하지 않으십니다. 누구보다 먼저 하나님께 드리십시오. 십일조의 원리가 바로 이것입니다. 하나님께 먼저 드리라는 원리입니다.

"너희는 먼저 그의 나라와 그의 의를 구하라"(마 6:33).

당신은 하나님께 먼저 드립니까? 또한 하나님께 가장 좋은 것을 드립니까? 아니면 나머지를 드립니까? 당신 자신의 만족을 위하여 풍성히 쓴 후에 그래도 남아돌아가는 것을 하나님께 드리지 않습니까?

당신이 월급을 받으면 먼저 주님을 생각하십시오. 그리고 주님을 위해 가장 좋은 것을 떼어 놓으십시오. 이것이 구약의 이스라엘 백성들의 첫 열매를 드린 원리였읍니다. 또한 오늘날 우리가 십일조를 드리는 원리이기도 합니다. 이 성경의 원리는 시대와 함께 변하지 않습니다. 하나님의 백성들은, 모든 주님을 사랑하는 사람들은 주님 앞에 가장 좋은 것을 드리고 싶은 열망으로 가득찼읍니다. 주님이 가장 탁월한 분이시라면 당신의 가장 탁월한 것을 하나님 앞에 드리십시오. 가장 좋은 것을 드리십시오. 그리고 무엇보다도 먼저 그렇게 하십시오. 나중으로 미루지 마십시오. 인생의 청춘은 하나님께 바치십시오. 쓰고 남은 인생의 황혼기를 하나님께 바칠 때까지 미루지 마십시오.

본문에서의 과부는 하나님 말씀을 의지하여 가장 귀한 것을 드리기까지 순종하였읍니다. 그녀의 순종의 결과, 어떻게 되었을까요?
15절 이하의 말씀을 다시 보십시오.
"저가 가서 엘리야의 말대로 하였더니 저와 엘리야와 식구가 여러 날 먹었으나 여호와께서 엘리야로 하신 말씀같이 **통의 가루가 다하지 아니하고 병의 기름이 없어지지 아니하니라.**"
한 움큼의 가루와 몇 방울의 기름으로 떡을 구워 하나님의 말씀에 순종한 결과 이런 엄청난 기적을 맛보게 되었읍니다. 아무리 먹어도 없어지지 않았읍니다. 이 놀라운 순종의 결과를 보십시오. 가장 귀한 것을 내놓기까지, 죽기까지 순종하는 자를 신실하신 하나님은 결코 저버리지 않으십니다.

4

시련 속에 나타난 엘리야의 인격

우리는 앞장에서 엘리야가 시돈 땅 사르밧 과부를 만나 병의 기름과 통의 가루가 없어지지 아니하는 기적을 통하여 풍족한 양식으로 공급함을 받는 상황을 살펴보았습니다. 그러나 이 사건 이후에 다시 급작스러운 상황의 변화가 하나님의 사람 엘리야에게 찾아옵니다. 어떤 의미에서 이것은 축복 다음에 찾아오는 시련이라고 말할 수 있읍니다. 하나님께서는 엘리야로 하여금 병의 기름과 통의 가루의 기적이 가져온 풍요함 속에 계속해서 안주하게만 하시지 않았읍니다.

여기서 우리는 변할 수 있는 상황, 변할 수 있는 하나님의 섭리에 대해 항상 믿음으로 대처하고 있어야만 하겠다는 교훈을 얻게 됩니다.

1. 축복에서 시련으로의 전환

신앙 생활은 항상 풍요로운 것만은 아닙니다. 우리는 주님이 풀무불의 시련의 도가니를 통해서 하나님의 사람들의 인격을 만드시며 그들의 생애를 간섭하시고 역사하신다는 사실을 엘리야의 생애를 통하여 뚜렷하게 볼 수 있어야 합니다. 그러기에 시몬 베드로는 베드로전서 4장 12절 이하에서 그리스도인들에게 언제든지 찾아올 수 있는 시련에 대해 당황하거나 놀라지 말아야 할 것을 우리에게 권면합니다. "사랑하는 자들아 너희를 시련하려고 오는 불시험을 이상한 일 당하는 것같이 이상히 여기지 말고 오직 너희가 그리스도의 고난에 참예하는 것을 즐거워하라 이는 그의 영광을 나타내실 때에 너희로 즐거워하고 기뻐하게 하려 함이라"(12,13절).
시련이 우리에게 찾아온다고 해서 우리는 시련을 이상한 시선으로 바라볼 필요가 없습니다. 우리 주님, 예수 그리스도가 이미 고난의 길을 가셨으며 우리보다 앞서간 신앙의 선배들, 하나님의 사람들이 고난의 길을 걸어갔음을 우리는 성경을 통해서 보았기 때문입니다.

바울 사도는 로마서 5장 3절 이하의 말씀을 통해서 이러한 환난과 시련이 가져오는, 오히려 적극적인 유익을 우리에게 강조했습니다.
"…우리가 환난 중에도 즐거워하나니 이는 환난은 인내를, 인내는 연단을, 연단은 소망을 이루는 줄 앎이로다"(3,4절).
이처럼 그리스도인들이 처한 모든 환난과 고난은 하나님의 교훈으로 주어진 것입니다. "하나님을 사랑하는 자 곧 그 뜻대로 부르심을 입은 자들에게는 모든 것이 합력하여 선을" 이룹니다.
참새 한 마리도 하나님의 허락이 없이는 떨어질 수 없습니다. 그분은 우리의 머리카락까지 세십니다. 하나님은 나의 모든 상황과 형편을 아시며 이 모든 것이 합력하여 내 생애 속에서 어떻게 하나님의 계획과 뜻이 성취될 수 있는 가를 아시므로 시련을 통해서도 우리의 생애의 유익을 추구하십니다.

엘리야에게 닥친 새로운 시련은 무엇입니까? 그가 머물고 있었던 집의 아들이 갑자기 죽는 사건이 발생했던 것입니다. 17 절을 보십시오.
"이 일 후에 그 집 주모 되는 여인의 아들이 병들어 증세가 심히 위중하다가 숨이 끊어진지라."
이 일은 그 집에 머물고 있었던 길손이었던 엘리야를 얼마나 당황케 하는 사건입니까? 그로 인해 이 과부의 집에 놀라운 축복이 임했었는데 이것이 변하여 낙심과 절망과 시련으로 변하다니요!

갑자기 직면한 이 시련에 대한 여인의 태도는 어떠했읍니까? 18 절을 보십시오.
"여인이 엘리야에게 이르되 하나님의 사람이여 당신이 나로 더불어 무슨 상관이 있기로 내 죄를 생각나게 하고 또 내 아들을 죽게 하려고 내게 오셨나이까."
여인은 엘리야를 원망하기 시작했읍니다. 우리도 이 여인처럼 우리에게 시련이 다가오면 원망할 대상을 찾기에 분주합니다. 우리는 그 시련의 책임을 교묘히 회피하기 위해 다른 사람들에게 비판을 가하는 경우가 많습니다. 그리하여 불쾌한 감정으로 삶의 기쁨을 얼마나 많이 잃습니까? 개인적인 고난과 어려움으로 가정에 원망을 돌리는 사람들 때문에 우리 가정의 분위기가 어두워집니다. 개인적인 절망과 개인적인 낙심과 개인적인 문제로 교회를 원망하기 때문에 하나님의 사람들이 누려야 할 풍성한 교제와 그 기쁨이 우리 안에서 사라집니다.

이 여인의 원망을 좀더 깊이있게 분석해 봅시다. 18 절을 다시 봅니다.
"여인이 엘리야에게 이르되 하나님의 사람이여 당신이 나로 더불어 무슨 상관이 있기로 **내 죄를 생각나게 하고**…."
시련은 우리에게 자신을 돌아볼 수 있는 시간과 기회를 제공합니다. 뜻하지 않은 어려움에 처할 때에야 비로소 자신을 돌아 보게 되기 때문입니다. 그리하여 우리는 과거에 범했던 어떤 죄, 하나님과의 관계에서 해결하지 못했던 어떤 범죄에 대하여 생각하게 됩니다.

마찬가지로 이 여인도 자기 아들의 급작스러운 죽음을 맞이하여 자기의 죄를 성찰하게 된 것입니다. 이 여인의 범죄는 아마도 바알 숭배였을지도 모릅니다. 아니면 죽은 아들의 출생과 관련된 과거의 성적(性的)인 범죄를 생각했을지도 모릅니다. 여하튼 이와 같은 시련이 이 여인으로 하여금 자기를 돌아보게 하는 계기가 되었읍니다.

그러나 우리는 이 여인의 반응에서 하나님께 대한 불신앙을 지적하지 않을 수 없읍니다. 신자들에게도 불신이 있을 수 있읍니다. 우리는 주님을 믿고는 있지만 우리의 환경이 우리에게 불리하게 작용할 때, 고난과 시련으로 어려움을 당할 때는 주님을 온전히 신뢰하지 못하는 경우가 많읍니다. 그래서 우리도 불신자들처럼 원망합니다. 광야에서의 이스라엘 백성들처럼 말입니다.

그들은 하나님을 신뢰하기 때문에, 주님의 말씀을 믿으므로 애굽 땅에서 벗어날 수가 있었읍니다. 유월절의 어린 양을 잡으라고 말씀하실 때에 그들은 그 말씀을 신뢰했으므로 어린 양을 잡아 "그 어린 양의 피로 너희 집 문 좌우 설주와 인방에 바르라"고 하신 말씀을 따라 그들의 집 문 좌우 설주와 인방에 그 피를 발랐읍니다. 그리하여 죽음의 사자는 그들의 집을 그냥 스쳐 지나갔읍니다. 이렇게 그들은 하나님의 말씀을 믿으므로 그들이 구원받는 기적을 체험했던 것입니다.

그러나 그들이 험한 광야에서 생활하게 되었을 때 얼마나 자주 하나님을 원망했는지는 주지의 사실인 것입니다.

2. 시련 속에서의 엘리야의 태도

이 시련에서 엘리야는 어떤 태도를 취했을까요?

첫째로, 엘리야는 하나님의 지시가 있을 때까지 한 곳에 머물러 있

었읍니다.

엘리야는 하나님이 그릿 시냇가로 가라고 명령하셨을 때 갔읍니다.
비록 그곳이 풍성한 물을 제공하지는 못했지만 하나님의 다음 지시가
있을 때까지 그곳에 머물러 있었읍니다. 그 다음, 하나님이 이세벨의
고향인 "시돈으로 가라"고 하셨을 때 그때도 엘리야는 묵묵히 하나님
의 말씀을 따랐읍니다. 그리고 과부의 집에 시련이 닥쳐와서 과부의
원망을 들었을 때도 하나님의 지시가 없었으므로 계속 그곳에 머물러
있었읍니다. 이처럼 엘리야는 하나님의 명령이 없이는 움직이지 않았
읍니다. 주님의 말씀이 없이는 떠나지 않았읍니다.

   둘째로, 엘리야는 자족할 줄 알았읍니다.
하나님의 사람들이 그들의 사역에 실패하는 가장 중대한 원인은 자족
할 줄을 모르는 데에 있읍니다. 주님께서는 자족할 줄 아는 영혼을
사랑하십니다. 그리고 그 영혼을 통해서 역사하십니다. 하나님은 욕
심많은 사람들을 쓰시지 않습니다. 당신도 하나님의 사람이 되기를
원하십니까? 주님 앞에 붙들려 사용되기를 원하십니까? 그러면 자
족하십시오. 주께서 나를 어떠한 형편에 처하게 하시든지 그 형편,
그 자리, 그 상황 속에서 자족하십시오. 하나님은 바로 그러한 사람
들을 통하여 기적을 나타내 보여 주시는 것입니다.

   디모데전서 6 장 6 절 이하의 말씀을 보십시오.
"그러나 **자족하는 마음이 있으면** 경건이 큰 이익이 되느니라 우리가
세상에 아무것도 가지고 온 것이 없으매 또한 아무것도 가지고 가지
못하리니 우리가 먹을 것과 입을 것이 있은즉 족한 줄로 알 것이니라
부하려 하는 자들은 시험과 올무와 여러 가지 어리석고 해로운 정욕
에 떨어지나니 곧 사람으로 침륜과 멸망에 빠지게 하는 것이라 돈을
사랑함이 일만 악의 뿌리가 되나니 이것을 사모하는 자들이 미혹을
받아 믿음에서 떠나 많은 근심으로써 자기를 찔렀도다 (그러므로) 오
직 너 하나님의 사람아 이것들을 피하고 의와 경건과 믿음과 사랑과

인내와 온유를 좇으며"(6-11 절).

그렇습니다. 자족하는 정신이야말로 하나님께 쓰임받을 수 있는 하나님의 사람의 중대한 자격입니다.

세째로, 엘리야는 온유한 태도를 보였습니다.

과부의 아들이 죽었을 때 과부는 엘리야에게 "…내 아들을 죽게 하려고 내게 오셨나이까"라며 원망을 퍼부었습니다. 만일, 당신이 엘리야의 입장에 놓여 있다면 그녀에게 뭐라고 대답하겠읍니까? 제가 만약 엘리야였다면 다음과 같이 말했을 것입니다.

"아니, 이 사람이…정신이 어떻게 된 것 아니오? 내가 죽인 것도 아닌데 왜 나더러 원망하시오?"

그러면서 저는 벌떡 일어나서 그 길로 다른 곳으로 가버렸을 것입니다.

그러나 엘리야는 저와 같이 반응하지 않았읍니다. 19 절 이하의 말씀을 보십시오.

"엘리야가 저에게 그 아들을 달라 하여 그를 그 여인의 품에서 취하여 안고 자기의 거처하는 다락에 올라가서 자기 침상에 누이고 여호와께 부르짖어 가로되…그 아이 위에 몸을 세 번 펴서 엎드리고 여호와께 부르짖어 가로되 나의 하나님 여호와여 원컨대 이 아이의 혼으로 그 몸에 돌아오게 하옵소서"(19-21 절).

엘리야는 그 아들을 여인의 품에서 취하여 안고 자기가 거처하는 다락에 올라가서 자기의 침상에 그 아들을 누이고 여호와께 기도했읍니다. 그는 자기를 원망하며 자기에게 불평을 토하는 여인 앞에서는 일체 아무런 반응을 보이지 않았읍니다. 한 마디의 말도 하지 않았읍니다. 어리석은 변론을 하려고 하지도 않았읍니다. 필요없는 다툼을 하려고 하지도 않았읍니다. 다만 그 문제를 끌어안고 하나님께 부르짖었읍니다. 이 얼마나 놀라운 모습입니까?

디모데후서 2장 24절 이하의 말씀을 보십시오.
"마땅히 주의 종은 다투지 아니하고 모든 사람을 대하여 **온유하며** 가르치기를 잘하며 참으로 거역하는 자를 **온유함으로** 징계할지니…" (24,25절).
성경은 하나님의 사람이 갖추어야 할 자질로서 온유한 성품을 얼마나 강조하고 있습니까? 온유하지 못하면 주의 사람이 될 수 없습니다. 온유하지 못한 사람이 영적인 지도자가 될 것을 기대할 수가 없습니다.
우리의 모본이신 주님은 어떠한 분이셨습니까?
"나는 마음이 **온유하고** 겸손하니 나의 멍에를 메고 내게 배우라"(마 11:29).
성령의 아홉 가지 열매는 사랑, 희락, 화평, 오래참음, 자비, 양선, 충성, **온유**, 절제인데, 여기에 온유도 들어 있습니다.

이와 같이 하나님은 온유한 사람을 쓰십니다. 필요없는 어리석은 변론과 다툼을 버리고 하나님 앞에 가서 그 문제를 내어 놓는 온유한 사람을 주님은 찾으십니다. 자기 감정의 포로가 되며 분노의 포로가 되고 자기 기질의 포로가 되는 사람들을 하나님은 쓰실 수 없습니다. 자기의 감정이나 기질, 분노를 극복하고 어떠한 상황 속에서도 참고 견디며 온유하며 그 상황을 직면할 수 있는 사람을 하나님은 지금도 찾고 계십니다.

네째로, 엘리야는 하나님이 응답하실 때까지 기도하였습니다.
엘리야는 기도의 사람이었습니다. 과부의 원망을 들은 후에 엘리야는 그 죽은 아들을 데리고 다락으로 올라갔습니다. 그리고 힘을 다하여 기도하였습니다.
"여호와께 부르짖어 가로되 나의 하나님 여호와여 주께서 또 내가 우거하는 집 과부에게 재앙을 내리사 그 아들로 죽게 하셨나이까 하고" (20절).

그는 사람과 토론하려고 하지 않았읍니다. 단지 하나님께 호소했읍니다. 언제까지 호소합니까?
"그 아이 위에 몸을 세 번 펴서 엎드리고 여호와께 부르짖어 가로되 나의 하나님 여호와여 원컨대 이 아이의 혼으로 그 몸에 돌아오게 하옵소서 하니 여호와께서 엘리야의 소리를 들으시므로 그 아이의 혼이 몸으로 돌아오고 살아난지라"(21,22 절).
엘리야는 자신의 기도가 응답될 때까지 열심히 기도했읍니다.

이러한 기도의 습관으로 말미암아 나중에, 삼 년 동안 가물었던 이스라엘 땅에 비를 내리게 할 수 있었던 것입니다. 빗방울이 후둑후둑 떨어질 때까지 계속 엎드려 기도했던 엘리야의 모습을 상상해 보십시오. 그는 이미 끈질기게 기도하는 기도의 정신을 배웠던 것입니다. "엘리야는 우리와 성정이 같은 사람이로되 저가 비 오지 않기를 간절히 기도한즉 삼 년 육 개월 동안 땅에 비가 아니 오고 다시 기도한즉 하늘이 비를 주고 땅이 열매를 내었느니라"(약 4:17,18).
엘리야는 우리와 성정이 같은 사람이었읍니다. 즉, 그의 좋은 성품이나 공로로 인해 비를 오지 않게 하거나 오게 하지 않았다는 것입니다. 그러한 능력은 기도의 힘이었읍니다. 그의 끈질긴 기도가 그런 기적을 낳은 것입니다.

다섯째로, 엘리야는 다른 사람의 고난에 동참하였읍니다.
엘리야는 남의 짐을 대신 짊어지는 사람이었읍니다. 즉, 그는 다른 사람의 고난에 동참할 줄 아는 사람이었읍니다. 본문에 보면 죽은 아이 위에 자기 몸을 세 번씩이나 펴서 엎드리고 시체를 끌어안고 기도하는 모습을 보게 됩니다. 이것은 과부와 그 아들의 문제를 자기의 문제로 끌어안는 모습입니다.
남을 위해 기도해 준다는 것은 그 사람이 안고 있는 마음의 부담과 마음의 짐을 내가 대신 끌어 안는 것을 의미합니다. 나라를 위해서 기도할 때 우리는 그 나라의 죄악이 나의 죄악인 것처럼 그 죄악을 끌어안고 기도해야 합니다. 병든 사람을 위해서 기도할 때 우리는 그의 병이 나의 병인 것처럼 아파하며 하나님께 호소해야 합니다.

중보하는 기도란 중보하는 대상의 문제와 아픔, 그리고 고난과 슬픔, 연약함을 짊어지고 기도하는 사역을 의미합니다. 죽어 있는 사람을 위하여 기도할 때는 그의 죽음의 짐을 짊어지고 기도해야 합니다. "너희가 짐을 서로 지라"(갈 6:2).
당신은 다른 사람을 위해서 기도할 때 그의 아픔과 그의 연약함과 그의 고난을 당신의 아픔으로 끌어안고 기도합니까? 당신의 기도에 대한 응답이 없다면 당신의 기도하는 자세를 돌이켜 보십시오. 그리고 남의 고통과 슬픔의 짐을 짊어지고 간절히 기도하는 하나님의 사람, 엘리야에게서 배웁시다.

여섯째로, 엘리야는 도덕적으로 깨끗하였읍니다.
우리와 성정이 같은 엘리야에게 남편을 잃은 과부의 유혹이 없지는 않았을 것입니다. 그러나 엘리야는 늘 깨어있는 가운데에 있었으므로 도덕적으로 깨끗하게 자신을 지킬 수 있었읍니다. 이를 어떻게 알 수 있읍니까? 24 절을 보십시오.
"여인이 엘리야에게 이르되 내가 이제야 당신은 하나님의 사람이시요 당신의 입에 있는 여호와의 말씀이 진실한 줄 아노라 하니라."
가까이 사는 사람들에게서 인정받는 일은 결코 쉬운 일이 아닙니다. 그러나 엘리야는 가까이 있는 여인에게서 "하나님의 사람"으로 인정받았읍니다. 엘리야의, 그리스도의 성품을 닮은 깨끗하고 거룩한 성품, 하나님의 사람다운 도덕적 순결로 인해 그 여인으로 하여금 간증하게 한 것입니다.
"당신은 과연 하나님의 사람입니다."
주께서는 이런 사람을 쓰십니다. 깨끗한 그릇을 쓰십니다. 당신도 하나님의 사람이 되기 원하신다면 하늘을 우러러 한점 부끄럼이 없게 하십시오.

일곱째로, 엘리야는 성령충만하였읍니다.

열왕기하 2장 9절을 보십시오.

"건너매 엘리야가 엘리사에게 이르되 나를 네게서 취하시기 전에 내가 네게 어떻게 할 것을 구하라 엘리사가 가로되 **당신의 영감**이 갑절이나 내게 있기를 구하나이다."

그렇습니다. 엘리야는 영감의 사람이었읍니다. 다시 말하면 성령의 사람이었읍니다. 그는 하나님의 성령에 붙잡힌 성령의 사람이었읍니다.

"당신에게 임해 있었던 성령님의 영감과 성령님의 감동, 성령님이 함께 하시던 당신의 삶을 구합니다. 당신에게 함께 하셨던 성령님의 감동과 성령 충만한 삶을 저도 구합니다."

엘리야의 후계자인 엘리사의 눈에도 엘리야의 생애 속에 넘쳐 흐르던 성령의 지배하심과 성령의 충만함이 보였던 것입니다.

열왕기하 2장 15절을 보십시오.

"맞은편 여리고에 있는 선지자의 생도들이 저를 보며 말하기를 **엘리야의 영감이 엘리사의 위에 머물렀다** 하고 가서 저를 영접하여 그 앞에서 땅에 엎드리고."

엘리야의 영감을 구하던 엘리사에게 마침내 엘리야의 영감이 그 위에 머물렀읍니다. 엘리야에게 늘 성령이 충만하였으므로 후계자에게도 물려줄 수 있었던 것입니다. 당신도 자녀들에게 신앙을, 성령 충만한 생활을 유산으로 남기기를 원합니까? 그렇다면 당신이 먼저 성령충만하기를 구하십시오. 그리하여 사랑하는 후배들에게, 사랑하는 자녀들에게 성령 충만한 삶을 물려줍시다. 자녀들이 먼 훗날 "우리 아버지(어머니)는 성령 충만한 사람이었읍니다"라고 말할 수 있도록 ….

엘리야는 성령 충만한 사람이었으므로 그의 후계자인 엘리사는 이렇게 말할 수 있었읍니다.

"당신의 영감을, 당신의 성령 충만한 삶을 저도 구합니다."

그리고 주변의 많은 사람들도 이렇게 고백할 수 있었읍니다.
『엘리야에게 함께 하셨던 하나님의 영이 이제 엘리사에게 머물렀구나.』
성경 말씀이 또한 엘리야의 성령충만함을 증거합니다.
"저가 또 **엘리야의 심령과 능력으로** 주 앞에 앞서 가서 아비의 마음을 자식에게, 거스리는 자를 의인의 슬기에 돌아오게 하고 주를 위하여 세운 백성을 예비하리라"(눅 1:17).
이 말씀에서 "저"란 세례(침례) 요한을 가리킵니다. 즉, 이 말씀은 "세례 요한은 마치 엘리야의 심령과 능력으로 역사하는 것과 같다"고 증언하고 있읍니다. 엘리야는 「성령의 능력을 지닌 사람」이라는 위대한 명칭을 부여받은 것입니다.

엘리야는 어떻게 도덕적으로 성별될 수 있었읍니까? 그는 성령 충만했기 때문입니다. 엘리야가 어떻게 남의 짐을 짊어지고 남의 고난에 동참할 줄 아는 사랑의 사람이 될 수 있었읍니까? 그는 성령 충만했기 때문입니다. 엘리야는 어떻게 기도하는 사람이 될 수 있었읍니까? 성령 충만했기 때문입니다. 그가 어떻게 온유할 수 있었읍니까? 성령 충만했기 때문입니다. 그가 어떻게 말씀에 순종하는 삶을 살 수가 있었읍니까? 성령 충만했기 때문입니다. 그가 어떻게 능력 있는 사람이 되었읍니까? 성령충만하여 성령이 그에게 능력을 부여했기 때문입니다.
그래서 한 지붕 안에 거했던 사람들까지도 엘리야를 향해서 고백할 수가 있었던 것입니다.
"당신은 참으로 하나님의 사람입니다."

5

무대 위에 선 배우들

엘리야가 아합 왕 앞에서 이스라엘의 우상 숭배와 말로 다할 수 없이 팽배한 죄악을 인하여 하나님의 심판이 임박해 있다는 재앙의 멧세지를 전달한 후 여러 날이 지났읍니다. "많은 날을 지내고 제 삼 년에 여호와의 말씀이 엘리야에게 임하여 가라사대 너는 가서 아합에게 보이라 내가 비를 지면에 내리리라"(1절).

이제 드디어 주님의 말씀이 다시 엘리야에게 임했읍니다. 하나님이 자신의 종을 망각하지 않으셨던 것입니다. 때가 이르러 오랫동안 은둔해 있었던 엘리야를 하나님이 불러 내셨읍니다.

1. 아합

그 동안 이스라엘 땅은 하나님의 심판으로 심한 기근이 들어 있었읍니다.

"엘리야가 아합에게 보이려고 가니 그 때에 사마리아에 기근이 심하였더라"(2 절).

이처럼 성경은 사마리아에 기근이 심했다고 증언합니다. 극심한 기근이 사마리아 땅을 뒤덮고 있었던 것입니다.

"아합이 오바댜에게 이르되 이 땅의 모든 물 근원과 모든 내로 가자 혹시 꼴을 얻으리라 그러면 말과 노새를 살리리니 짐승을 다 잃지 않게 하리라 하고"(5 절).

이 말씀에서도 알 수 있듯이 그 나라에는 극심한 기근이 닥쳤던 것입니다. 말과 노새들이 헐떡거렸으나 먹을 물을 구하지 못하여, 비참하게 죽어가는 광경을 상상할 수 있을 것입니다. 이것이 범죄로 말미암아 하나님의 징계를 받은 그 땅 민족들의 모습이었읍니다. 이것은 솔로몬의 영광에 비해 얼마나 초라하며 얼마나 비참합니까? 여기에서 우리는 다시 한번 개인의 범죄와 한 걸음 더 나아가서 한 민족의 범죄가 얼마나 심각한가를 되새기지 않을 수 없읍니다.

그러나 이렇게 처절한 상황 속에서도 아합은 아직도 하나님을 찾지 않고 있읍니다. 우상 숭배로 인해 이같은 고생을 하면서도 하나님께로 돌아오려는 생각조차 않고 있읍니다. 그는 여전히 인간적인 방법으로 문제 해결을 하고자 합니다.

"혹시 어느 곳엔가 물의 근원이 있지 아니하겠느냐?"

철저하게 인간적인 수단과 방법에 의존하여 해결의 길을 모색하고 있는 인간 아합의 모습을 보십시오. 그렇게도 부패한, 그렇게도 철저하게 하나님이 계시지 않는 어둠 속에 떨어져 버린 죄인의 모습을 우리는 아합의 이미지를 통해서 실감할 수 있읍니다. **하나님의 심판에도 불구하고 회개치 아니하고 깨닫지 못하는 인생들의 모습을 우리는 아합 왕의 얼굴을 통해서 역력히 보게 됩니다.**

요한계시록 16 장 10 절 이하의 말씀을 보십시오.

"또 다섯째가 그 대접을 짐승의 보좌에 쏟으니 그 나라가 곧 어두워지며 사람들이 아파서 자기 혀를 깨물고 아픈 것과 종기로 인하여 하늘의 하나님을 훼방하고 저희 행위를 회개치 아니하더라"(10,11 절).

혀를 깨무는 아픔과 곤욕과 심판과 징계의 채찍을 경험하면서도 사람들은 자기 행위를 회개치 않았다고 성경은 증언합니다. 이것이 철저한 범죄 속에 떨어져 있는 죄인들의 모습입니다. 이것은 또한 예레미야서 5 장 3 절의 말씀을 우리에게 연상시켜 줍니다.

"여호와여 주의 눈이 성실을 돌아보지 아니하시나이까 주께서 그들을 치셨을지라도 그들이 아픈 줄을 알지 못하며 그들을 거의 멸하셨을지라도 그들이 징계를 받지 아니하고 그 얼굴을 반석보다 굳게 하여 돌아오기를 싫어하므로."

바위보다 더 굳어진 얼굴, 죄를 회개하지 아니하고 하나님께 끝까지 반항하는 죄인들의 모습을 보십시오. 그들의 얼굴의 굳음이, 그들의 마음의 강퍅함이 바위보다 굳음으로 그들이 징계를 받아 거의 진멸될 상태에 이르렀어도 아직도 회개하지 아니하며 돌아오지 않고 있읍니다. 이것이 죄악 속에 빠져있는 사람들의 모습입니다. 과거에도 그러했고 아직도 그러합니다. 그리고 앞으로도 그러할 것입니다. 성령께서 이 굳은 마음을 부수어 주시지 아니하시면, 성령께서 그 마음을 열지 아니하시면 죄인들은 아무도 자기 힘으로 죄에서 돌이켜 회개할 수 없읍니다.

아합 왕이 바로 위에서 묘사했던 사람들과 같은 태도를 취하고 있읍니다. 그는 삼 년 동안 비가 오지 않는 이 극심한 가뭄을 아직도 자연현상 때문이라고 생각하고 있을지도 모릅니다. 오늘날 얼마나 많은 사람들이 자기에게 내려진 하나님의 심판과 징계의 손길을 깨닫지 못하고 이것을 그저 자기의 운명이나 하나의 자연적인 현상으로 돌리고 있읍니까?

더우기 우리의 마음을 더욱 슬프게 하는 것은 일국의 지도자인 아합이 백성들을 염려하는 것이 아니라 말과 노새를 걱정하는 것입니다. 즉, 아합은 자기 재산이 줄어들까 염려합니다. 이 철저하게 이기심에 굳어져 버린 부패한 인간의 모습을 보십시오.

2. 이세벨

또한 우리는 아합의 아내, 이세벨이 어떠한 사람인지 4 절에서 발견할 수 있습니다.
"이세벨이 여호와의 선지자들을 멸할 때에 …."
이런 하나님의 심판과 징계가 이스라엘 역사 속에 진행되고 있었을 때 이세벨은 이러한 상황의 의미를 깨닫지 못하고 하나님의 선지자들을 죽이는 박해의 일에 몰두했습니다. 참으로, 잔인한 이 여인은 인간의 전적 부패성 (total depravity) 을 여실히 드러내는 표본입니다.

3. 오바댜

그런데 이토록 부패하고 우상숭배의 범죄로 들끓는 나라 안에서 오바댜라는 경건한 한 사람이 우리의 주의를 끕니다.
"아합이 궁내대신 오바댜를 불렀으니 **이 오바댜는 크게 여호와를 경외하는 자라** 이세벨이 여호와의 선지자들을 멸할 때에 오바댜가 선지자 일백 인을 가져 오십 인씩 굴에 숨기고 떡과 물을 먹였더라 아합이 오바댜에게 이르되 이 땅의 모든 물 근원과 모든 내로 가자 혹시 꼴을 얻으리라 그러면 말과 노새를 살리리니 짐승을 다 잃지 않게 되리라 하고 두 사람이 두루 다닐 땅을 나누어 아합은 홀로 이 길로 가고 오바댜는 홀로 저 길로 가니라"(3–6 절).
이처럼 오바댜는 "크게 하나님을 경외하는 자"라고 성경이 증언하고 있습니다. 그런데 여호와를 경외하는 그가 어떻게 바알을 숭배하는 우상숭배자들이 득실거리고 있는 나라의 한 심장부에서 궁내대신의 역할을 할 수 있었을까요? 그리고 한 나라의 궁내대신인 그가 그 나라의 왕과 왕비가 섬기는 바알과 그 숭배자들과 타협하지 않았을까요? 타협하지 않았다면 어떻게 대신으로 머물러 있을 수 있읍니까?
그러나 성경은 오바댜가 타협했다고 말하지 않습니다. 한 구절도 그
렇게 말하는 구절이 없읍니다. 성경은 단순히 다음과 같이 말합니다.
"이 오바댜는 크게 여호와를 경외하는 자라."

바알 숭배와 온갖 범죄로 얼룩진 한 나라의 그 암담한 상황 속에서
도 이 하나님의 사람, 오바댜는 그 암흑의 중심지인 궁중에 머물러
있으면서도 여전히 크게 하나님을 경외하는 사람으로 하나님께 인정
을 받고 있었읍니다. 엘리야를 범죄로 물든 이스라엘 땅에서 분리시
켜 은둔 생활을 하게 하셨던 그 하나님은 똑같은 자신의 능력과 주권
과 방법으로 죄악의 중심지인 그 궁중에 하나님의 종 오바댜를 숨기
고 있었읍니다. 그를 통해서도 역사하고 계셨읍니다.
이처럼 하나님이 개인을 쓰시는 방법은 다양합니다. 그러므로 하나
님이 왜 나에게는 저 사람과 같은 기회를 주시지 않느냐고 불평해서
는 안 될 것입니다. 또는 다른 사람이 나와 똑같은 신앙 체험을 하지
않았다고 해서 그는 하나님이 용납하지 않는 사람이라고 생각해서도
안 됩니다. 하나님이 나에게 역사하시는 똑같은 방법으로 다른 사람
에게도 똑같이 역사해야 한다는 이런 고집 때문에 그리스도인들이 타
인을 용납하지 못하는 독선에 빠지는 수가 많습니다.

오바댜는 우상 숭배자들과 타협하지 않았읍니다. 뿐만 아니라 이세
벨이 박해하려 했던 선지자들을 숨겨주었읍니다. 즉, 하나님의 선지
자들이 오바댜로 인해 보호되었던 것입니다.
"이세벨이 여호와의 선지자들을 멸할 때에 오바댜가 선지자 일백 인
을 가져 오십 인씩 굴에 숨기고 떡과 물을 먹였었더라"(4절).
이처럼 하나님은 때때로 적진의 한복판에 하나님의 종들을 요소요
소에 심어 놓으셔서 그를 통해 역사하십니다. 로마 궁중의 한복판에
바울을 나아가게 하셔서 그를 통해 로마를 복음화시키려 하셨던 것도
바로 그러한 하나님의 계획입니다.

우리는 험악한 현실에서 도피하는 그리스도인이 되어서는 안 됩니다. 하나님은 때때로 그 암흑 속에 우리가 거하기를 원하시기 때문입니다. 그리고 우리가 그 어둠을 밝히는 빛이 되기를 원하십니다. 어떤 사람은 군중과 분리된 들에서 외치는 자의 소리가 되어야 합니다. 그러나 또 어떤 사람은 이 흑암과 죄악과 부패가 뒤덮고 있는 상황에서 떠나지 말고 그 속에 있어야 합니다. 모든 사람들이 부패하고 죄악스러운 상황과 문화를 피하려고 한다면 기독교는 이 문화와 역사에 긍정적인 기여를 결코 할 수 없습니다.

"땅을 정복하라 … 모든 생물을 다스리라"(창 1:28).
하나님은 인간 아담에게 땅을 정복하고 만물을 다스리는 권한을 주셨읍니다. 그러므로 인간은 이 땅에 대한, 지구에 대한 청지기적 직분을 수행해야 합니다.
그리스도인 정치인이 필요합니다. 그리스도인 사업가가 필요합니다. 그리스도인 문학가가 필요합니다. 우리는 이 지구의 모든 상황과 문화 영역 도처에 하나님의 사람들을 필요로 합니다. 신앙이 좋은 사람들에게 흔히 신학교 입학을 권하는데, 그것은 성경적인 제안이 아닙니다. 우리에게는 신앙 좋은 그리스도인 사업가가 필요합니다. 신앙 좋은 그리스도인 교사가 필요합니다. 세상 요소요소에 그리스도인들이 기여하고 있어 세상의 부패를 조금이나마 방지하고 오염된 물을 조금이나마 정화시켜야 할 것입니다.

어떤 성경 주석가는 오바댜가 궁내대신으로서 아합의 부패한 정권 아래 머물러 있었던 사실을 가리켜 타협한 신앙인이라고 말하기도 했읍니다. 그러나 저는 이 해석에 동의하지 않습니다. 성경은 결코 이 사람이 타협했다고 말한 일이 없습니다. 오히려 성경은 "오바댜는 궁내대신이었으나 크게 여호와를 경외하는 자였다"고 증언합니다. 이렇게 그를 칭찬하고 있다는 사실을 간과하지 마십시오. 하나님의 사역을 위하여 이런 사람들도 필요한 것입니다.

또 어떤 이는 오바댜는 상황윤리의 측면에서 보면 의인이지만 사실 상 악에 타협한 사람이라고 생각할지도 모릅니다. 하지만 오바댜는 결코 타협하지 않았읍니다. 상황윤리의 이론에도 불구하고 그는 어떤 상황에서도 하나님을 경외하는 데 실패하지 않았읍니다.

□ 상황윤리

그러면 잠시 상황윤리에 대해 살펴봅시다.

수많은 사람들이 악한 상황에서 승리하지 못하고 오히려 상황에 의해 영향을 받기 때문에 자신을 합리화하기 위하여 소위 상황윤리라는 이 론을 주창하였읍니다. 최근, 죠셉 플레쳐는 상황윤리를 하나의 신학 적인 이론으로 정립하였읍니다. 그로 인해 오늘날 수많은 젊은이들, 그리고 많은 신학생들이 하비 콕스나 로빈슨 주교의 저서를 읽으면서 상황윤리가 타당하다고 소리치고 있읍니다. 수많은 신학자들이 그렇 게 가르치고 있읍니다. 많은 교회가 그렇게 가르치고 있읍니다. 때에 따라서는, 상황에 따라서는 살인도 간음도 탐욕도 죄가 아니라고 가 르치고 있읍니다.

"인간의 행위 그 자체는 결코 선도 아니며 악도 아니다. 만약 사랑이 동기가 될 때에는 이 모든 것은 죄가 아니며 이 모든 것은 오히려 적 극적인 의일 수 있다."

이것이 상황윤리입니다.

죠셉 플레쳐는 1966년 『상황윤리』라는 책을 발간하여서 다음과 같은 이론을 전개했읍니다.

"어쩔 수 없는 상황이 있지 않은가? 죄를 지어도 그 죄를 꼭 죄라고 규명할 수 있는가?"

플레쳐의 상황윤리는 세 가지의 **철학적 전제**를 가지고 있읍니다. 첫째는, **실용주의**입니다. 현재의 상황에서 어떻게 행동하는 것이 의 로운가라는 것이 문제가 아니라 어떻게 행동하는 것이 나에게 유익한 가라는 것이 그의 철학적인 전제가 되고 있읍니다.

둘째는, **상대주의**입니다. 상황윤리에는 절대적인 선이나 절대적인 의라는 것이 없습니다. 모든 것이 상대적입니다. 생각하기에 따라서 선과 악이 변합니다.

세째는, **적극주의**입니다. 상황윤리는 사랑이 동기가 된 것이라면 그로 인한 행동은 다 선한 것이라고 주장합니다.

플레쳐는 그의 이론을 몇 가지 단계로 설명합니다.
"사랑만이 고유한 선(善)이다. 그리스도인의 행위는 사랑에 의해서 결정되어야 한다. 사랑과 의(義)는 궁극적으로 동일하다. 그리고 그 목적이 선한 것이라면 그 수단은 얼마든지 정당화될 수 있다. 그리고 사랑은 본질적으로 상황윤리적이다."
그는 이 이론을 증명하기 위해서 다음과 같은 예화를 사용합니다.

볼그 마이어라는 독일 여인이 있었습니다. 그녀는 전쟁 중 러시아 군(軍)에게 포로가 되어 우크라이나의 포로 수용소에 수용되었습니다.
그녀의 남편 또한 연합군의 포로가 되어 웨일즈 수용소에 갇혀 있었는데, 그는 특사를 받아 베를린의 자기 고향으로 돌아갔습니다. 그녀의 남편은 흩어진 가족을 모으기 위해 사방으로 연락을 취하여 간신히 세 자녀를 찾았습니다. 그래서 그녀의 남편과 세 자녀는 가정을 이루고 살았습니다.
러시아의 포로 수용소에 갇혀 있던 마이어 여사는 남편과 세 아이가 베를린에서 살고 있다는 소식을 듣고 자기도 이 포로 수용소에서 어떻게 해서든 나가야겠다고 결심하였습니다. 그런데 이 포로 수용소에서 나갈 수 있는 방법은 단 하나, 임신하는 것이었습니다. 왜냐하면 '임신한 여자는 석방한다'는 규칙이 있었기 때문입니다. 마이어 여사는 고민하다가 자기에게 늘 친절히 대해 주던 간수에게 자신이 임신할 수 있게 해달라고 요청하였습니다. 그리하여 임신하게 된 그녀는 고향으로 돌아갈 수 있었습니다.

이제 그녀의 온 가족들이 함께 모여 살 수 있게 되었읍니다. 얼마 후, 그녀는 아이를 낳았읍니다. 온 가족들은 이 아이를 사랑하였읍니다. 그 아이로 인해 가족이 모두 다시 모일 수 있었기 때문입니다.

당신은 이 여인의 태도를 어떻게 생각합니까? 플레처는 이런 경우의 그녀의 간통 행위를 희생적인 간음이라고 칭하였읍니다. 그녀가 그 행위를 한 동기는 자기 가족에 대한 사랑이었으므로 그녀의 간통 행위는 사랑이라는 목적을 성취하기 위한 수단에 불과하다는 것입니다.
"그 목적은 가족과 결합하는 것이다. 그 목적은 바람직한 것이다. 그러므로 그 간수와의 간음 행위는 결코 죄가 아니다."
그러한 이 상황윤리 이론에는 네 가지의 맹점이 있읍니다. 우리는 이 상황윤리의 맹점을 올바로 깨닫고 현대의 어떤 사상이나 이론의 공격에 잘 대응해야 할 것입니다. 그 맹점들이란 어떤 것입니까?

첫째로, 상황윤리는 하나님의 능력을 인정하지 않습니다.
하나님은 어떤 분이십니까? 하나님은 초자연적인 능력을 지니신 분입니다. 그러므로 죄를 짓지 않고도 억압의 상황에서 벗어날 수 있읍니다. 그러나 상황윤리론자들은 이러한 사실을 인정하지 않습니다. 이것이 그들의 첫번째 맹점입니다.

둘째로, 상황윤리는 하나님 사랑과 이웃 사랑을 혼동합니다.
"우리에게 가장 크고 첫째되는 계명은 무엇인가? 「네 마음을 다하고 목숨을 다하고 뜻을 다하여 주 너의 하나님을 사랑하라」가 아닌가? 그리스도인의 삶의 목적은 「사랑」이다. 그러므로 사랑을 위한 행동은 죄가 아니다."
그러나 이것은 자기 합리화의 변에 불과합니다. 그리고 상황윤리론자들은 하나님에 대한 사랑과 이웃에 대한 사랑을 동일시합니다. 이웃을 사랑하는 것이 반드시 하나님을 사랑하는 것이 될 수 있읍니까? 그렇지 않습니다. 하나님에 대한 사랑의 차원과 이웃에 대한 사랑의 차원이 언제나 똑같지는 않습니다. 물론 이웃을 사랑하는 것이 하나님을 사랑하기 때문에 이루어진 생활의 한 반영일 수는 있습니다. 그러나 반드시 이웃 사랑이 하나님을 사랑하는 행위가 되는 것은 아닙니다.

상황윤리론자는 수평적인 관계를 보는 데는 성공했지만 수직적인, 하나님과의 관계를 바로 보는 데는 실패했읍니다. 이웃을 사랑하기 이전에 하나님을 사랑하라는 명령에 먼저 복종해야 합니다. 그리고 하나님을 사랑하는 것은 거룩하신 하나님을 사랑하는 것입니다. 기독교는 수단과 방법을 더 중요시합니다. 범죄가 하나님을 사랑하고 이웃을 사랑하는 행위가 될 수 없읍니다.

세째로, 상황윤리는 상황만을 중시할 뿐 사랑의 진정한 의미를 간과합니다.

상황윤리론자들은 사랑을 외치지만 그들에게 있어서 사랑의 의미는 성경에서의 사랑의 의미가 아닙니다. 성경에서의 참된 사랑은 하나님의 속성입니다. 하나님은 사랑이라고 성경은 말합니다. 그리고 이 사랑은 하나님의 선물입니다. 하나님이 성령으로 말미암아 우리 속에 베풀어 주시는 것이 진정한 사랑입니다. 이 사랑은 우리 안에서 활동하시는 성령님을 통해서 맺어지는 그리스도인들의 인격의 열매인 것입니다. 상황에 따라서 진리가 아닌 불의를 행할 수 있는 사랑이 아니라 이 사랑은 진리를 기뻐하며 불의를 기뻐하지 않는 사랑입니다. 또 사랑은 궁극적으로 하나님으로부터 오는 것입니다. 이 사실을 믿으시는지요? 상황윤리론자들은 이런 진정한 사랑의 의미를 간과하고 있는 것입니다.

네째로, 상황윤리는 절대적인 도덕 기준을 폐기합니다.

상황윤리론자들은 이렇게 말합니다.

"인간은 절대적인 것을 알 수 없다. 그러므로 절대적인 행동을 할 수

없다. 따라서 어떠한 행동도 상대적이다. 어떠한 행동도 생각하기에
따라서 달라진다. 그러므로 어떤 행동은 죄라고, 인간이 규정지을 수
있는 근거가 없다."

그러나 이 상대적 도덕 기준은 인간을 점차 도덕폐기론으로 몰고 갑
니다. 이것은 또한 죄를 범하고 죄가 아니라고 하는 자기 합리화의
더 커다란 죄악 속으로 인류를 인도합니다.

당신이 만일 마이어 여사와 같은 상황에 처해 있다면 어떻게 행동
하겠읍니까? 그 행동의 기준은 무엇입니까?

**첫째로, 우리는 주의 말씀을 읽으며 주께서 말씀을 통하여 우리에
게 보여 주시는 절대적 명령이 무엇인가를 다시 한번 보아야 합니다.**
시대와 함께 변할 수 없는 성경 말씀은 우리에게 명령합니다.
"간음하지 말라(어떠한 상황 속에서도)."
이것이 변함없는 성경의 명령입니다.

**둘째로, 우리는 그리스도인들의 자유는 결단코 남에게 폐를 끼치
거나 남을 부담스럽게 하거나 남에게 시험이 되도록 남용되어서는 안
된다는 사실을 명심해야 합니다.**
당신의 자유가, 당신의 행동이 아무리 선한 의도를 가졌다 해도 그것
이 다른 사람들을 해치는 결과를 가져올 때는 그 자유를 누려서는 안
된다는 것입니다. 이것이 성경이 우리에게 분명히 가르치고 있는 그
리스도인의 윤리입니다.

**셋째로, 우리는 어떤 상황에서도 하나님의 영광을 위해서 살아가
야 합니다.**
"그런즉 너희가 먹든지 마시든지 무엇을 하든지 다 하나님의 영광을
위하여 하라"(고전 10:31).

**넷째로, 우리는 전지전능하신 하나님께 이 상황 속에서 어떻게 해
야 할 것인가 지혜와 능력을 구해야 합니다.**

상황윤리론자들은 이러한 원리들을 간과하고 있는 것입니다.

"내게 능력 주시는 자 안에서 내가 모든 것을 할 수 있느니라"(빌 4:13)는 전제를 포기해 버린 것입니다.

우리는 어떠한 상황 속에서도 죄를 범하지 않고 그 상황을 극복할 수 있도록 도우시는 하나님이 살아 계심을 믿습니다. 그리고 만일, 우리가 연약해서 죄를 범했다 해도 그 죄를 상황의 탓으로 돌리며 자기 합리화를 하는 것이 아니라 죄를 범했다고 솔직히 자백하며 십자가 앞으로 나가야 합니다.

죠셉 플레쳐와 트리니티 신학교의 보수적인 복음주의 신학자인 존 몽고메리 교수가 샌디에고 대학에서 이 상황윤리를 둘러싸고 논전을 벌인 적이 있습니다. 플레쳐 교수는 꼼짝 못하고 죄를 범할 수 밖에 없는 상황을 수없이 제시하면서 어떻게 대처하겠느냐고 물었습니다. 그때 몽고메리 교수는 이렇게 대답했읍니다.

"내가 그러한 상황 속에 있다면 혹 죄를 범할지도 모르겠읍니다. 그러나 나는 「나는 죄를 범하지 않았읍니다. 나의 행동의 동기는 사랑이기 때문에 내 행동은 선한 것입니다」라며 나 자신을 합리화시키지는 않겠읍니다. 대신 나는 하나님 앞에서 죄를 범했다는 사실을 인정하겠읍니다. 그리고 십자가 앞으로 나아가 우리 주님 앞에 무릎을 꿇고 그분께 용서를 구하겠읍니다."

이 말이 끝나자 그 논쟁을 지켜보고 있었던 학생들이 모두 다 일어나서 박수를 쳤읍니다.

우리는 오바댜가 바알 숭배와 범죄가 성행하고 있었던 정부의 궁내 대신으로 어떻게 하나님을 경외하는 자로 칭함을 받을 수 있었는지 그 자세한 상황은 알 길이 없읍니다. 그러나 분명히 알 수 있는 것은 **오바댜는 그럼에도 불구하고 "크게 여호와를 경외하는 자"였다는 것입니다.** 즉, 그는 그 상황 속에서 승리했다는 것입니다. 그는 범죄하지 않고도 그 속에서 승리할 수가 있었읍니다. 상황윤리로 자기 죄를 합리화하기 위해 급급해 하지 않아도 넉넉히 이기게 하시는 하나님을 바라보십시오.

4. 엘리야

엘리야는 아합 왕 앞에서 비가 내리지 않으리라는 경고를 한 뒤, 그
릿 시냇가와 과부의 집에서 오랫동안 은거한 후 드디어 하나님의 말
씀이 임하여 아합 왕에게 다시 나타나게 되었읍니다. 그런데 엘리야
가 은거해 있던 동안 이스라엘 땅은 심한 가뭄과 기근으로 많은 사람
들이 고생을 하고 있었읍니다. 그 나라의 왕도 예외가 아니어서 궁내
대신 오바댜와 함께 샘물을 찾고 있었읍니다. 이런 상황 속에서 엘리
야가 아합 왕에게 이제는 비가 올 것이라는 멧세지를 전해야 하는 심
정을 한번 생각해 보십시오.

그는 삼 년 전 아합 왕에게 나타나서 "나의 섬기는 이스라엘의 하
나님 여호와의 사심을 가리켜 맹세하노니 내 말이 없으면 수년 동안
우로가 있지 아니하리라"는 심판과 재앙의 멧세지를 던지고 왕의 목
전에서 엘리야는 사라졌었읍니다. 그 후 오랫동안 은거 생활을 하고
있었던 엘리야에게 "엘리야여 일어나라, 그리고 이제 다시 가서 아합
왕에게 보이라"는 주님의 말씀이 임했읍니다. 사랑하는 그 종을 숨기
셨던 하나님께서 이제 그 종을 역사의 무대 위에 다시 나타내 보이려
하십니다.
엘리야의 심정은 어떠했을까요?

**그러나 엘리야는 숨으라는 명령에도 나타나라는 명령에도 똑같이 순종
할 줄 아는 하나님의 사람이었읍니다.** 나타나는 일에 있어서 그것이 아
무리 모험과 용기와 목숨을 요구하는 일이라 할지라도 하나님의 사람
엘리야는 여전히 담대했읍니다. 쉬운 일이 아니었을 것입니다. 엘리
야가 심판의 멧세지를 던지고 사라진 후에 아합은 얼마나 엘리야의
목숨을 찾고 있었읍니까? 10절을 보십시오.
"당신의 하나님 여호와의 사심을 가리켜 맹세하노니 내 주께서 사람

을 보내어 당신을 찾지 아니한 족속이나 나라가 없었는데 저희가 말
하기를 엘리야가 없다 하면 그 나라와 족속으로 당신을 보지 못하였
다는 맹세를 하게 하였거늘."
궁내대신 오바댜의 보고 그대로 아합은 그의 군사를 총동원해서 온
나라와 온 족속들을, 온 마을을 뒤져 엘리야를 찾고 있었던 것입니
다. 엘리야를 죽이려 하였던 것입니다. 그런 때에 아합 왕에게 나아
가라는 하나님의 말씀이 임했던 것입니다.

　엘리야가 이 말씀에 순종하기 위해서는 목숨을 걸어야만 했을 것입
니다. 아합 왕과 이세벨 그리고 갈증과 굶주림으로 허덕거렸던 수많
은 백성들이 엘리야에게 얼마나 증오를 품고 있었겠읍니까? 그러나
그러한 와중에서도 여전히 엘리야는 담대하게 순종합니다. 그는 살아
계신 하나님 한 분만을 신뢰했기 때문에 담대하게 나아갈 수 있었읍
니다. 그리하여 엘리야는 하나님의 위대한 사역을 감당할 수 있었던
것입니다.

6

갈멜 산에서의 접전

우리는 이미 엘리야 선지자가 아합 왕 앞에서 말한 "당신들이 내가 전한 하나님의 말씀대로 순종하지 아니할 때 내 말이 없으면 3 년간 이 땅에 비가 오지 아니할 것이요"라는 그의 재앙의 경고대로 이스라엘 온 땅에 이제 가뭄이 깃들어서 말로 다할 수 없는 심각한 고통과 어려움을 겪게 된 형편들을 보았읍니다.

아합과 이세벨에게 바알 신이 있었지만 그 바알 신이 그 땅에 비를 가져오지 못했읍니다. 또 이세벨은 수없이 많은 주님의 선지자들을 죽였지만 그것이 그들의 문제를 해결하지 못했읍니다. 하나님의 역사에 대한 불신앙인들의 숱한 저항에도 불구하고 주님의 말씀대로 역사는 운행되어 가고 있었던 것입니다. 이 모든 사실은 엘리야의 하나님만이 참 하나님이신 것을 그 역사 속에서 묵묵히 입증하는 것이었읍니다.

그러나 엘리야는 비가 오지 않으리라는 경고를 하나님이 명령하신 그대로 전달한 사실 때문에 얼마나 많은 갈등과 고통과 괴로움을 당했읍니까? 심판과 재앙의 멧세지를 전하는 지도자의 고독과 갈등이 거기에 있읍니다. 우리는 구약성경에서 주님의 말씀을 증거하던, 이 말씀을 선포하던 선지자들이 말로 다할 수 없는 괴로움과 고통을 겪었다는 사실을 잘 압니다. 엘리야 또한 구약의 선지자들이 겪었던 괴로움을 꼭같이 겪었읍니다.

이제, 본문 16 절 이하의 말씀을 보십시오.
"오바댜가 가서 아합을 만나 고하매 아합이 엘리야를 만나려 하여 가다가 엘리야를 볼 때에 …"(16,17 절).
자기를 죽이려고 찾고 있었던 아합 왕과 엘리야가 맞닥뜨렸읍니다. 그러나 엘리야는 기겁하여 도망하지 않았읍니다.
"엘리야를 볼 때에 저에게 이르되 이스라엘을 괴롭게 하는 자여 네냐"(17 절).
아합 왕이 엘리야를 향해서 이렇게 말합니다.
『너냐! 이스라엘을 괴롭게 하는 자가.』
그러나 이 말을 들은 엘리야는 도리어 손가락으로 그를 가리키면서 이렇게 말합니다.
"…내가 이스라엘을 괴롭게 한 것이 아니라 당신과 당신의 아비의 집이 괴롭게 하였으니 이는 여호와의 명령을 버렸고 당신이 바알을 좇았음이라"(18 절).
한 나라의 지도자 앞에서 담대하게 주님의 말씀을 증거하고 있는 하나님의 사람 엘리야의 의연한 모습을 보십시오.

하나님의 말씀을 올바로 증거하는 사람들의 역사를 통해서 수많은 오해와 고통을 받았던 일은 결코 엘리야 한 사람에게만 국한된 경험이 아니었읍니다.
우리 주님 예수 그리스도도 백성을 소동케 하는 자로 고발당했읍니다. 바울 또한 빌립보에서 그리스도의 복음을 전하고 하나님의 역사를 나타냈던 그 사실로 인하여 그 성(城)을 심히 요란케 하는 자로 고발당했읍니다. 데살로니가에 도착한 하나님의 사람들은 천하를 어지럽히는 자들로 고발당했읍니다.

어느 시대나 무릇 그리스도 예수 안에서 경건하게 살고자 하는 하나님의 사람들에게 오히려 더 박해가 많습니다. 그러나 이 박해와 이 고난의 상황을 통해서 그리스도인들의 인격이 형성되며 이러한 고통 속에서 하나님의 역사는 성취됩니다.

엘리야가 자기 주변에 도사리고 있던 모든 압력과 정권의 위협에도 불구하고 담대하게 서 있을 수 있었던 것은 살아계신 하나님, 전능하신 창조주 하나님에 대한 신뢰 때문이었읍니다. 불신앙은 두려움을 낳습니다. 그러나 신앙은 용기를 낳습니다. 이사야서 12 장 2 절을 보십시오.

"보라 하나님은 나의 구원이시라 내가 의뢰하고 두려움이 없으리니 주 여호와는 나의 힘이시며 나의 노래시며 나의 구원이심이라."

전능하신 하나님, 이 능력의 하나님을 의지하는 사람만이 비로소 두려움없이 용기있는 행동을 취할 수 있읍니다.

한편, 참된 신(神)을 버리는 사람들에게는 항상 거짓 신이 우상으로서 그들을 대신 사로잡기 마련입니다. 로마서 1 장 23 절에서 바울 사도는 이방인들의 죄악 가운데 현저한 특징 하나는 하나님의 형상을 우상으로 바꾸는 것이라고 지적했읍니다. 하나님이 없는 사람은 그 마음 속에 우상을 들어 앉히지 않고는 그의 영혼이 결코 평안할 수 없읍니다. 신학자 벌코프의 말처럼 인간은 불가피하게 종교적입니다. 그래서 하나님이 없는 사람은 그대신 자기 마음 속에 우상을 들어앉히는 것입니다. 마찬가지로, 하나님을 섬기지 않는 아합은 바알이라는 우상을 섬길 수밖에 없었던 것입니다. 이런 아합에게 엘리야는 "당신이 하나님을 버리고 바알을 좇은 것이 바로 이 땅에 말할 수 없는 고통과 재앙을 불러들인 것을 똑똑히 인식하시오"라고 담대하게 선포한 것입니다.

   바로 이 사실 때문에 아합 왕과 엘리야는 참 신(神)을 가려내기 위
해 갈멜 산에서의 공개적인 혈전을 시작합니다. 19 절을 보십시오.
적의 수는 얼마나 됩니까?
"그런즉 보내어 온 이스라엘과 이세벨의 상에서 먹는 바알의 선지자
사백오십 인과 아세라의 선지자 사백 인을 갈멜 산으로 모아 내게로
나오게 하소서."
"누가 진실로 역사를 주재하는 살아 있는 신인가를 결정합시다. 당신
의 우상신을 섬기는 모든 선지자들을 모아 오시오. 850 명을 데리고
오시오. 내가 대적할 것이오."
   이렇게 해서 팔백오십 대 일의 결전이 시작됩니다. 이 팔백오십 대
일의 결전의 승산이 어떠하리라는 사실은 인간적인 계산으로는 너무
나도 명백할 것입니다. 그러나 엘리야를 혼자라고 생각하지 마십시
오. 엘리야의 배후에 있는 살아계신 하나님의 능력을 우리는 볼 수
있어야 합니다. 또한 엘리야의 배후에 그 살아계신 하나님의 능력의
손에 부림을 받고 있는 수천의 천사들이 바로 이 하나님의 사람 엘리
야를 돕고 있다는 사실을 망각해서도 안 될 것입니다.

   이제, 20 절 이하의 말씀, 엘리야와 바알의 선지자들의 결전의 장
면에서 엘리야가 어떠한 도전을 하고 있는지 살펴보려 합니다.

1. 결단의 요청

"엘리야가 모든 백성에게 가까이 나아가 이르되 너희가 어느 때까지
두 사이에서 머뭇머뭇하려느냐 여호와가 만일 하나님이면 그를 좇고
바알이 만일 하나님이면 그를 좇을지니라 하니 백성이 한 말도 대답
지 아니하는지라"(21 절).
엘리야는 여호와 하나님과 바알 신 사이에서 머뭇머뭇하는 백성들에
게 둘 중 하나를 택하라는 결단을 요청하고 있읍니다.
여기에서 『머뭇머뭇한다』는 히브리어의 뜻은 "술 취한 사람처럼"이라

는 뜻으로서 우리말로 설명을 하자면 갈짓자 걸음을 걷고 있다는 뜻입니다. 이스라엘 백성들은 "이리저리로 왔다갔다"하며 마음을 정하지 못하고 있었던 것입니다.

"하나님을 택할 것인가 아니면 바알 신을 택할 것인가?"
이들의 마음으로는 차라리 둘다 선택하기를 원했을지도 모릅니다. 이것은 마치 열왕기하 17장 33절에 나타나는 스발와임 사람들의 타협적인 신앙의 모습을 방불케 합니다.
"이와 같이 저희가 여호와도 경외하고 또한 어디서부터 옮겨왔든지 그 민족의 풍속대로 자기의 신들도 섬겼더라."
그러나 결국에는 둘 다 섬길 수는 없습니다. 둘 중 하나를 선택하지 않으면 안 될 것입니다. 언젠가 그는 반드시 자신의 정체를 드러내고 둘 중에 하나를 선명하게 선택해야만 하는 결단 앞에 서지 않으면 안 됩니다.

출애굽기 32장을 읽어 보면 모세가 시내 산에서 내려오던 중 백성들이 금송아지를 만들어 세우고 그 앞에 절하며 춤추고 있는 모습을 보고 모세는 백성들에게 다음과 같은 도전을 합니다.
"누구든지 여호와의 편에 있는 자는 내게로 나아오라"(26절).
여호수아는 가나안의 이방신들을 좇고 있는 사람들에게 이렇게 도전합니다.
"너희 섬길 자를 오늘날 택하라 오직 나와 내 집은 여호와를 섬기겠노라"(수 24:15).

오늘 당신의 선택은 무엇입니까? 마태복음 12장 30절에서 주님은 이렇게 말씀하십니다.
"나와 함께 아니 하는 자는 나를 반대하는 자요."
신앙의 세계에서 회색지대란 존재할 수 없습니다. 우리는 둘 중에 어느 것 하나를 선택하지 않으면 안 될 것입니다. 믿는 것도 아니고 믿

지 않는 것도 아닌 회색지대의 신앙처럼 하나님 보시기에 그렇게 역
겨운 것은 없습니다. 그러므로 요한계시록 3 장 15 절 이하에서 요
한이 라오디게아 교인들을 향해서 던졌던 경고의 멧세지를 기억해야
할 것입니다.
"네가 차지도 아니하고 더웁지도 아니하도다 … 네가 이같이 미지근
하여 더웁지도 아니하고 차지도 아니하니 내 입에서 너를 토하여 내
치리라"(15,16 절).

　오늘날 이런 사람들이 얼마나 많이 있읍니까? 우리 가운데 이런
일에 관해서 흠이 없다고 고백할 수 있는 사람은 아무도 없을 것입니
다.
"저희가 하나님을 시인하나 행위로는 부인하니 …"(딛 1:16).
이들도 색상이 분명하지 않은 회색의 중립지대에 머물려는 사람들입
니다. 어떤 사람들은 용기가 없어서 담대하게 자기의 신앙을 고백하
기를 꺼려한 나머지 계속해서 비밀스러운 그리스도인으로 남아 있기
를 원합니다. 그러면서 믿으면 믿었지 그렇게 나팔을 불고 다니면서
믿을 필요가 뭐 있느냐고 투덜댑니다.
"자기 혼자만 믿을 것이지."
세속의 인기에 영합하기 위해 이처럼 자신의 믿음의 색상과 믿음의
향기를 조금도 나타내지 않고 직장 속에, 공장 속에, 학교 속에서 그
리스도인이 아닌 사람들처럼 숨어서 사는 그리스도인들이 종종 있읍
니다.

　우리는 요한복음 3 장에서 밤에 우리 주님을 찾아와 기독교의 진
리를 구도했던 니고데모의 경우를 봅니다. 그는 어떤 면에서는 소극
적인 사람이었읍니다. 그의 신앙에 대한 구도 그 자체가 소극적으로
출발되었읍니다. 그가 밤중에 주님을 찾아온 가장 중요한 이유 중의
하나는 그가 가진 사회적인 신분 때문에 드러내 놓고 나사렛 사람 예
수를 추종하는 추종자라는 낙인이 찍힐까봐 두려워했기 때문일 것입

니다. 그러나 요한복음의 뒷부분 즈음에는 그는 마침내 예수를 변호하는 공개적인 자리에 나아오지 않으면 안 되었읍니다.

신앙은 본질상 숨길 수 없는 것입니다. 언젠가는 반드시 현시되기 때문입니다. 그래서 성경은 우리에게 시인하라고 말씀합니다.
"사람이 마음으로 믿어 의(義)에 이르고 입으로 시인하여 구원에 이르느니라"(롬 10:10).
앞서 말씀드렸던 디도서 1 장 16 절의 말씀은 행위로 하나님을 부인하는 것을 정죄하지만 입으로 시인하는 그 자체를 정죄하는 것은 아닙니다. 입술로 시인하고 행위로도 시인하여 우리의 삶 전체를 통해서 내가 믿는 그 하나님을 고백하지 않으면 안 된다는 사실을 성경이 선포하는 것입니다.

그런데 그 사이에 서기를 원하는 사람이 있읍니다. 입으로는 시인하지만 행위로는 시인하지 않으면서 언제까지나 머뭇머뭇하기를 원하는 사람들이 있읍니다. 사도 야고보는 이런 사람들을 두 마음을 품어 정함이 없는 자라고 말합니다. 이런 사람은 마치 바람에 밀려 요동하는 물결 같으니 주께 얻기를 아무것도 기대하지 말라고 말합니다. 하나님께 대한 태도가 불투명하고 신앙고백이 분명하지 않고 하나님께 대한 시인이 불분명한 사람을 우리 하나님인들 시인하기를 원하시겠읍니까? 사람들은 나를 시인하고 나를 알아 주는 사람에게 충성을 다하려고 합니다. 마찬가지로 내가 하나님을 시인하고 따를 때 하나님께서도 내 생애에 찾아오셔서 나를 붙잡아 인도하십니다.

"너희가 어느 때까지 두 사이에서 머뭇머뭇하려느냐 여호와가 만일 하나님이면 그를 좇고 바알이 만일 하나님이면 그를 좇을지니라 하니 **백성이 한 말도 대답지 아니하는지라**"(21 절).
이 침묵은 비겁한 침묵입니다. 그들은 한 마디도 대답하기를 원치 않았읍니다. 그들은 아마 자기들의 신변의 안전을 위해서는 아합 왕과 관련되어 있는 바알 신을 좇는 것이 좋을 것이라고 생각했을 것입니다. 그러나 또한 하나님이 참 신일지도 모른다는 두려움 때문에 그들의 색깔을 분명히 나타내기를 꺼려하고 있었던 것입니다. 그래서 그들은 침묵을 지킵니다. 이것은 비겁한 침묵입니다. 혹시 당신은 비겁한 침묵을 지키고 있진 않습니까?

2. 응답받는 신앙의 요청

엘리야는 응답받는 신앙이 참된 신앙이라는 전제로써 바알의 선지자들에게 도전하고 있읍니다.
"엘리야가 백성에게 이르되 여호와의 선지자는 나만 홀로 남았으나 바알의 선지자는 사백오십 인이로다 그런즉 두 송아지를 우리에게 가져오게 하고 저희는 한 송아지를 택하여 각을 떠서 나무 위에 놓고 불은 놓지 말며 나도 한 송아지를 잡아 나무 위에 놓고 불을 놓지 말고 너희는 너희 신(神)의 이름을 부르라 나는 여호와의 이름을 부르리니 이에 불로 응답하는 신 그가 하나님이니라"(22–24 절).
"누가 과연 역사 속에 자신의 모습을 계시하시는가 이 사실을 통해서 참되신 신이 누구인지 결정하기로 하자. 불로 응답하시는 신, 그가 하나님일 것이다."
이렇게 해서 드디어 갈멜 산에서의 결전이 시작되었던 것입니다.

아세라를 제외한 바알의 선지자들만 세어도 그 수가 사백오십 명이었읍니다. 이 사백오십 명에게 도전을 걸고 있는 오직 한 사람의 하나님의 사람, 엘리야의 담대한 모습을 보십시오. 확신없는 싸움에 승부를 걸지 않았을 것입니다. 그는 마음 속에 틀림없이 이 싸움에서 이긴다는 확신을 가지고 있었을 것입니다. 왜 그랬을까요? 엘리야는 그의 생애를 통해서 하나님의 응답을 수없이 받았기 때문입니다. 그래서 엘리야는 다음과 같이 생각했읍니다.
'나의 주 하나님은 반드시 응답하신다. 내가 기도하면 하나님은 내

편이 되셔서 하늘을 움직여 반드시 불을 내리실 것이다.'

　당신의 신(神)은 당신에게 응답합니까? 당신은 하나님대신 우상을 섬기고 있읍니까? 어떤 사람은 탐욕을 하나님으로 섬깁니다. 어떤 사람은 쾌락을 하나님으로 섬깁니다. 어떤 사람은 권력을 하나님으로 섬깁니다. 어떤 사람은 자기의 지성을 하나님으로 섬깁니다. 그런데 그 지성이 당신의 생애 속에 응답합니까? 그 권력이 당신의 기도에 응답하고 있읍니까? 그 쾌락이 당신의 기도에 응답하고 있읍니까? 이 모든 것들은 우리를 허무하게 속이는 것들일 뿐입니다. 그러나 언제 어디서나 응답하시는 분은 살아계시는 하나님 단 한 분밖에 없읍니다.

　"불로 응답하는 신(神) 그가 하나님이니라."
이러한 엘리야의 제안에 대해 바알의 선지자들은 이 싸움을 거부할 이유가 하나도 없었으므로 그의 제안을 받아들이기로 했읍니다. 왜냐하면 그들은 바알을 물과 태양을 다스리는 신으로 믿고 있었기 때문입니다.
'바알이 참으로 불의 신이라면 그는 마땅히 불을 내려 응답할 것이다.'
그들은 이렇게 생각하고 엘리야의 제안을 쾌히 받아들였읍니다.

　그러나 하나님만이 불로 응답하실 수 있으십니다. 우리는 레위기의 기사를 통해서 하나님께 흡족한 제물이 하늘에서 쏟아지는 불로 살리움을 당했던 수많은 역사를 볼 수 있읍니다. 불기둥으로 이스라엘을 인도하신 하나님의 거룩한 역사를 볼 수 있읍니다. 가시떨기나무 불꽃 가운데의 하나님의 임재를 볼 수 있읍니다. 불로 응답하시는 하나님. 엘리야는 이 하나님에 대한 역사적인 신뢰와 개인적인 체험의 신뢰와 말씀을 통한 신뢰를 가지고 감히 이 싸움에 도전을 걸었던 것입니다.

백성들은 어떤 반응을 보였읍니까? 어느 편을 선택하겠느냐는 요청에는 비겁한 침묵을 지키고 있었던 사람들이 어느 쪽이 참 하나님이냐를 시험하려는 시도에는 옳다고 대답합니다.

"…백성이 다 대답하되 그 말이 옳도다"(24 절).

3. 우상의 허구성

"엘리야가 바알의 선지자들에게 이르되 너희는 많으니 먼저 한 송아지를 택하여 잡고 너희 신의 이름을 부르라 그러나 불을 놓지 말라 저희가 그 받은 송아지를 취하여 잡고 아침부터 낮까지 바알의 이름을 불러 가로되 바알이여 우리에게 응답하소서 하나 아무 소리도 없고 아무 응답하는 자도 없으므로 저희가 그 쌓은 단 주위에서 뛰놀더라 오정에 이르러는 엘리야가 저희를 조롱하여 가로되 큰 소리로 부르라 저는 신인즉 묵상하고 있는지 혹 잠간 나갔는지 혹 길을 행하는지 혹 잠이 들어서 깨워야 할 것인지 … 하매"(25–27 절).

우상의 허구성을 파헤치는 이 엘리야의 담대한 도전을 보십시오. 허사를 경영하는 이 바알 숭배자들의 모습은 또 얼마나 안타까운 것입니까? 그들은 응답이 없는 신 앞에서 부르짖고 있읍니다.

그러나 우상을 섬기는 이 우스꽝스러운 일이 그 당시의 일만이 아닙니다. 오늘날의 현대인들 역시 우상 앞에 굴복하고 죽은 신에게 기도합니다. 듣지 못하는 신에게 안타까운 기도와 절규를 토하는 사람들처럼 불쌍한 사람들이 어디에 있읍니까? 그러나 우리는 살아계신 하나님, 응답하시는 하나님, 찾아오시는 하나님, 역사하시는 하나님을 신뢰함으로 얼마나 큰 기쁨을 누리고 있읍니까?

시편 115 편 4 절 이하의 말씀을 통하여 우리는 **우상의 본질**에 관하여 좀더 살펴볼 필요가 있읍니다.

"저희 우상은 은과 금이요 사람의 수공물이라 입이 있어도 말하지 못

하며 눈이 있어도 보지 못하며 귀가 있어도 듣지 못하며 코가 있어도
맡지 못하며 손이 있어도 만지지 못하며 발이 있어도 걷지 못하며 목
구멍으로 소리도 못 하느니라 우상을 만드는 자와 그것을 의지하는 자
가 다 그와 같으리로다 이스라엘아 여호와를 의지하라 그는 너희 도
움이시요 너희 방패시로다"(4–9 절).
"생명없는 신을 왜 의지하고 있는가? 대답할 수 없는 신에게 왜 당
신은 기도하는가? 그대신 살아계신 하나님을 의지하라! 생명의 하
나님을 의지하라! 창조의 하나님을 의지하라! 우주를 섭리하시는
하나님을 의지하라!"

　　다시 본문을 보십시오. 허사를 경영하는 바알의 선지자들의 모습은
얼마나 처량합니까? 수 시간 동안 단 주위에서 미친듯이 뛰면서 자
기 가슴을 치며 아우성을 쳤으나 바알은 묵묵부답이었읍니다.
"이에 저희가 큰 소리로 부르고 그 규례를 따라 피가 흐르기까지 칼
과 창으로 그 몸을 상하게 하더라"(28 절).
자기 몸을 해하는 이같은 자학 행위가 우상종교의 특색의 하나입니
다.
"이같이 하여 오정이 지났으나 저희가 오히려 진언을 하여 저녁 소제
드릴 때까지 이를지라도 아무 소리도 없고 아무 응답하는 자도 없고
아무 돌아보는 자도 없더라"(29 절).

4. 정당한 결전의 요청

바알의 선지자들이 바알에게 부르짖다가 지친 틈에 하나님의 사람,
엘리야가 우뚝서서 역사를 주장하시는 위대하신 하나님을 실증합니
다. 그러면서 엘리야는 다음과 같은 요청을 합니다.
"가까이 와서 보라. 나는 속임수를 쓰지 않겠다. 공명정대하게 결전
하기를 원한다. 너희들이 보는 눈 앞에서 정당하게 살아계신 하나님
의 위대한 역사를 입증하기를 원한다."

엘리야는 이렇게 정당한 결전을 함을 만 백성에게 보여 하나님을 조금이라도 의심하는 자가 없게 합니다.

이제 30절을 보십시오.
"엘리야가 모든 백성을 향하여 이르되 내게로 가까이 오라 백성이 다 저에게 가까이 오매 저가 무너진 여호와의 단을 수축하되."
엘리야의 위대한 역사는 무너진 여호와의 단을 수축하는 것으로 시작했읍니다. 그는 주님을 영광스럽게 하는 일부터 시작한 것입니다. 그는 먼저 그의 나라와 그의 의를 구하였읍니다. 무너진 하나님의 단을 수축하여 하나님의 명예와 하나님의 영광을 먼저 회복하는 엘리야를 보십시오.
당신도 부흥을 원하십니까? 축복을 원하십니까? 하나님의 능력과 이적을 원하십니까? 먼저, 무너진 제단을 수축하십시오. 하나님을 찬양하고 주님을 영화롭게 하는 영광스러운 제단을 먼저 당신의 마음 속에 세우십시오.

"야곱의 아들들의 지파의 수효를 따라 열두 돌을 취하니 이 야곱은 여호와께서 옛적에 저에게 임하여 이르시기를 네 이름을 이스라엘이라 하리라 하신 자더라 저가 여호와의 이름을 의지하여 그 돌로 단을 쌓고 단으로 돌아가며 곡식 종자 두세 아를 용납할 만한 도랑을 만들고"(31,32절).
이제 엘리야는 이스라엘의 열두 지파를 상징하는 열두 돌을 주님의 이름으로 쌓기 시작했읍니다. 다시 말하면 지금 엘리야는 민족적인 대결전 앞에서 민족의 이름으로 제단을 쌓고 있는 것입니다. 그는 여기에서 개인으로 행동하는 것이 아니라 그의 민족을 위해서 민족의 이름으로 영광스러운 하나님을 향한 제단을 쌓고 있는 것입니다. 그리고 그는 주님의 이름을 의지하고 있읍니다. 그는 자신을 의지하고 있는 것이 아니라, 자신의 허영이나 자존심을 의지하는 것이 아니라 여호와의 이름을 의지하여 그 돌을 단으로 쌓는 것입니다.

5. 장애물의 설치 요청

"또 나무를 벌이고 송아지의 각을 떠서 나무 위에 놓고 이르되 통 넷
에 물을 채워다가 번제물과 나무 위에 부으라 하고"(33 절).

어떤 자유주의 신학자는 이 말씀을 보고 이렇게 말할지도 모릅니
다.

"지금 수년째 가뭄이라 물이란 물은 다 말라서 땅까지 갈라졌는데 물
이 어디서 난단 말이냐? 이것봐라, 성경은 가짜다."

그러나 잠깐만 기다리십시오. 갈멜 산은 지중해 연안에 위치해 있읍
니다. 거기에는 먹을 수 있는 물은 없을지라도 짠물은 얼마든지 있었
읍니다.

"또 이르되 다시 그리하라 하여 다시 그리하니 또 이르되 세 번 그
리하라 하여 세 번 그리하니 물이 단으로 두루 흐르고 도랑에도 물이
가득하게 되었더라"(34,35 절).

엘리야는 제단에 물을 잔뜩 부어 장애물이 되도록 하였읍니다.

'장애물이 있어도 하나님은 역사하신다. 하나님은 어떠한 장애요인
도 극복하실 수 있다는 것을 보여주겠다.'

이렇게 엘리야는 바알의 선지자들에게 도전하였읍니다.

하나님의 일은 쉽지 않습니다. 어려움이 있읍니다. 장애물이 있읍
니다. 우리는 보통 장애물에 부딪히면 요나처럼 자꾸 도망만 가려고
합니다. 그러나 그때마다 이 말씀을 생각하십시오.

'하나님의 역사는 어떠한 어려움과 어떠한 고난에도 불구하고 반드시
실현되고 말 것이다. 아무리 장애물이 많아도 하나님의 역사는 반드
시 나타나고 말 것이다. 장애물을 산더미같이 쌓아보라. 하나님의 역
사는 반드시 실현되고야 말 것이다.'

6. 기도의 능력 과시

엘리야는 이스라엘 백성들에게 하나님과 바알 중 한 편을 택하라고 도전을 하고 응답받는 신앙의 삶을 살라고 도전하며 우상의 허구성에 도전하고 장애물을 설치하더라도 거뜬히 이기시는 하나님을 과시함으로 이스라엘 백성들에게 도전을 주고 있읍니다. 이제 엘리야는 기도의 능력을 과시함으로 이스라엘 백성들에게 도전을 주고자 합니다.

그런데 어떠한 기도가 능력을 발휘할까요?

□ 합심기도

36 절을 보십시오.

"저녁 소제 드릴 때에 이르러 선지자 엘리야가 나아가서 말하되 아브라함과 이삭과 이스라엘의 하나님 여호와여 주께서 이스라엘 중에서 하나님이 되심과 내가 주의 종이 됨과 내가 주의 말씀대로 이 모든 일을 행하는 것을 오늘날 알게 하옵소서."

엘리야는 저녁 소제 드릴 무렵 기도하기 시작했읍니다. 왜 이때에 기도를 시작했을까요? 저녁 소제란 하루 해가 지기 세 시간 전, 온 이스라엘 백성들이 하나님께 경배드리는 제사입니다. 이스라엘 백성들은 해지기 세 시간 전, 오후 세시가 되면 하나님께 경배를 드립니다. 우리 주님도 바로 이 시간에 운명하셨읍니다. 어쨌든 이스라엘 백성들이 성전에서 경배를 드리며 하나님을 찬양하며 기도하는 바로 그 시각에 엘리야의 행동은 시작됩니다. 이것은 무엇을 의미할까요? **엘리야의 기도, 엘리야의 행위는 하나님 백성들과의 연합된 기도로써 형성된 것이었던 것입니다.** 바로 그 시간에 누군가가 예루살렘 성전에서 기도하고 있을 것입니다. 그는 홀로 싸운 것이 아닙니다. 보이지 않는 곳에서 그를 위해 기도하는 손길이 있었던 것입니다.

6·25 사변 때의 일이었읍니다. 어떤 미군 소대장이 병사에게 물었읍니다.

"괜찮다면 지금 정찰하러 나가지 않겠나?"
그 병사는 지금은 나갈 수 없다고 대답했읍니다. 그래서 소대장은 그
병사가 겁이 많은 모양이라고 생각했읍니다. 그런데 저녁 6 시쯤 되
어서 그 병사가 다가오더니『소대장님, 지금 정찰하러 나가겠읍니다』
라고 말하는 것이 아니겠읍니까? 의아해진 소대장은 아까는 나가지
않겠다고 하고 지금은 나가겠다고 하는 이유가 무엇이냐고 물었읍니
다. 그러자 병사가 대답하기를『소대장님, 바로 이 시간이 어머님이
나를 위해서 기도하고 있는 시간입니다』라고 말하는 것이었읍니다.
  이렇게 우리는 기도로써 지원하는 형제, 자매들로 인해 위기 속에
서도 담대히 나아갈 수 있는 것입니다.

  어떤 사람이 빌리 그래함 목사님에게 다음과 같은 질문을 하였읍니
다.
"목사님, 목사님의 그 위대한 사역의 비밀은 무엇입니까?"
『저에게 그런 비밀은 없읍니다. 있다면 일만오천 명의 성도들이 하루
도 빠지지 않고 저를 위해 기도하고 있는 것이라고나 할까요?』
  성도들의 승리는 자기의 능력이나 지혜로 인한 것이라기보다는 뒤
에서 기도해준 사람들로 인한 것이 많습니다. 특히 목회자의 승리는
교회 교인들의 기도로 이루어집니다. 모든 하나님의 위대한 역사의
배후에는 반드시 하나님의 백성들의 연합된 기도의 지원이 있다는 사
실을 잊지 마십시오. 엘리야는 이 기도의 지원을 믿고 행동을 시작한
것입니다.

□ 하나님의 영광을 위한 기도
엘리야의 기도를 36 절에서 다시 보십시오.
"저녁 소제 드릴 때에 이르러 선지자 엘리야가 나아가서 말하되 아브
라함과 이삭과 이스라엘의 하나님 여호와여 주께서 이스라엘 중에서
하나님이 되심과 내가 주의 종이 됨과 내가 주의 말씀대로 이 모든
일을 행하는 것을 오늘날 알게 하옵소서."

엘리야는 언약하면 반드시 그 언약을 성취하시는 하나님, 여호와의
이름을 부르면서 기도를 시작합니다. 그리고 그의 기도는 철저하게
하나님 중심입니다.
"주여, 당신이 하나님되심을 만방이 알게 하여 영광을 받으시옵소
서."
엘리야는 단순히 자기의 정욕을 위해서 기도하지 않았읍니다.
"구하여도 받지 못함은 정욕으로 쓰려고 잘못 구함이니라"(약 4:3).
엘리야는 기도의 올바른 진리를 터득한 사람이었던 것입니다. 그는
기도의 지원을 받았을 뿐만 아니라 자신이 바르게 기도해야 한다는
것을 알았읍니다.
　당신도 엘리야와 같은 능력있는 기도를 하기 원한다면 친구를 많이
사귀십시오. 당신을 위해서 기도하는 많은 친구들을 사귀십시오. 그
다음, 올바른 기도의 기술을 터득하십시오.

　엘리야의 기도는 하나님의 영광을 위한 기도였읍니다. 성경에 나타
난 모든 응답되는 기도의 중대한 한 가지 공통된 특징은 하나님의 영
광을 위한 기도입니다. 자기의 정욕을 위한 기도가 아닙니다.
"나는 내 영광을 구치 아니하나 구하고 판단하시는 이가 계시니라"
(요 8:50).
이 말씀을 바꾸어 말하면 하나님의 영광만 구하겠다는 우리 주님의
고백입니다.
"아버지여 아버지의 이름을 영광스럽게 하옵소서 하시니 이에 하늘에
서 소리가 나서 가로되 내가 이미 영광스럽게 하였고 또 다시 영광스
럽게 하리라 하신대"(요 12:28).
여기서도 하나님을 영광스럽게 하기를 원하셨던 주님의 위대한 모습
을 볼 수가 있읍니다.
"너희가 과실을 많이 맺으면 내 아버지께서 영광을 받으실 것이요 너
희가 내 제자가 되리라"(요 15:8).
주님은 하나님께 영광돌리는 것이 얼마나 중요한가를 거듭 강조합니

다.

이제 요한복음 14장 13절을 보십시오. 이것이 기도의 본질입니다. 응답받는 기도의 비밀입니다.
"너희가 내 이름으로 무엇을 구하든지 내가 시행하리니 이는 아버지로 하여금 아들을 인하여 영광을 얻으시게 하려 함이라."
왜 주님이 기도를 응답하십니까? 아버지로 하여금 아들을 인하여 영광을 얻으시게 하기 위함입니다. 이제 실제로 주님의 기도를 요한복음 17장에서 보십시오.
"아버지께서 내게 하라고 주신 일을 내가 이루어 아버지를 이 세상에서 영화롭게 하였사오니"(4절).
철저하게 하나님을 영화롭게 하는 것, 이것이 우리 주님의 전 생애를 지배하고 있었던 삶의 내용이었으며 기도의 내용이었던 것을 우리는 여기에서 알 수 있읍니다.

□ 성별된 삶이 수반된 기도
응답받는 기도를 원하십니까? 엘리야처럼 성별된 삶을 사십시오. 이스라엘 땅의 수많은 사람들이 바알 신에게 굴복할지라도 홀로 하나님을 섬긴 엘리야처럼 모든 사람이 우상을 향해 몰려갈지라도 그들과 분리되어 홀로 하나님 앞에 담대하게 서시기 바랍니다. 그리고 그분의 말씀에 복종하십시오. 그리하여 하나님께 영광을 돌리십시오.

□ 중언부언하지 않는 기도
하나님이 응답하시는 기도는 장황한 기도가 아닙니다. 바알 선지자들은 여섯 시간을 기도했으나 엘리야는 그렇게 기도하지 않았읍니다. 엘리야의 기도는 대단히 짧았읍니다. 그러나 능력있는 기도였읍니다. 하나님은 모든 것을 다 아시는 분이십니다. 그러므로 중언부언하지 마십시오. 단지 간절한 마음으로 간단히 기도하십시오.

□ 믿음으로 하는 기도

엘리야는 믿음으로 기도했읍니다. 그의 기도는 믿음에 근거한 기도였읍니다. 믿기 때문에 기도한 것입니다. 누가 이렇게 담대할 수가 있읍니까? 엘리야의 마음 속에 살아계신 하나님의 능력과 그분의 역사하심에 대한 신뢰가 없었다면 어떻게 그렇게 기도할 수가 있었겠읍니까? 하나님께 대한 신뢰로 흔들림이 없었기에 그런 기도를 할 수 있었고 또 능력을 발휘할 수 있었던 것입니다.

7. 죄의 제거

"이에 여호와의 불이 내려서 번제물과 나무와 돌과 흙을 태우고 또 도랑의 물을 핥은지라 모든 백성이 보고 엎드려 말하되 여호와 그는 하나님이시로다 여호와 그는 하나님이시로다 하니 엘리야가 저희에게 이르되 바알의 선지자를 잡되 하나도 도망하지 못하게 하라 하매 곧 잡은지라 엘리야가 저희를 기손 시내로 내려다가 거기서 죽이니라"(38–40 절).

드디어 하나님은 불로 응답하셔서 자신이 참 신(神)인 것을 만인에게 나타내셨읍니다. 그러나 엘리야는 바알의 선지자들을 모두 죽이도록 촉구합니다. 그를 잔인하다고 생각지 마십시오. 악은 그렇게 제거되어야 합니다. 죄는 철저하게 제거되어야 합니다. 죄가 있는 곳에 부흥이 올 수가 없읍니다. 우리의 교회가 하나님의 위대한 기적적인 부흥을 경험하기 위해서는 우리 한 사람, 한 사람의 죄가 철저하게 자백되고 철저하게 다루어져서 하나님의 거룩함이 추구될 때 우리는 비로소 역사 속에 나타났던 하나님의 기적이 우리 가운데 임하는 것을 바라보게 될 것입니다.

   엘리야는 바알 신을 섬기는 백성들에게 결단을 요청하면서 어느 신이 참 신인가를 증명해 보였읍니다. 그는 850 명의 우상숭배자들과 대결해서 위대한 승리를 거둔 것입니다.

엘리야의 이 위대한 승리의 비결은 무엇입니까?

첫째로, 그는 하나님과 함께하였기 때문입니다.

한 사람, 엘리야는 대단히 약하지만 하나님이 함께하실 때 그는 능치 못함이 없는 강력한 하나님의 권능을 덧입게 되었읍니다.

둘째로, 그는 믿음의 사람이었기 때문입니다.

우리는 그의 언어에서 불평을 찾아 볼 수가 없읍니다. 엘리야는 상황을 항상 긍정적으로 보았읍니다. 그리고 하나님의 능력이 역사할 것이라는 사실을 견고하게 신뢰했읍니다.

항상 상황을 부정적으로만 보는 사람이 있읍니다. 그러한 사람은 매사에 부정적입니다. 그러나 역사와 상황을 항상 긍정적으로 보고 이 속에 역사하시는 하나님의 가능성을 신뢰하며 그 하나님께 모든 것을 내어 맡기는 사람들이 있읍니다. 하나님은 이러한 믿음의 사람들을 통해서 역사하십니다.

날카로운 비판과 철저한 불평과 원망 속에서 우리는, 예리한 지성은 볼 수 있지만 하나님의 위대한 능력은 실감할 수가 없읍니다. 주님의 역사는 믿음을 통해서만 나타나기 때문입니다.

민수기 13 장을 보십시오. 정탐꾼들의 보고를 비교해 보면 아주 흥미롭습니다.

"갈렙이 모세 앞에서 백성을 안돈시켜 가로되 우리가 곧 올라가서 그 땅을 취하자 능히 이기리라 하나 그와 함께 올라갔던 사람들은 가로되 우리는 능히 올라가서 그 백성을 치지 못하리라 그들은 우리보다 강하니라 하고"(30,31 절).

여호수아와 갈렙은 백성들을 안돈시키며 말합니다.

『우리는 능히 이길 수 있다. 올라가 싸우자!』

그들은 이렇게 긍정적으로 상황을 평가함에 반해 다른 사람들 대부분은 어떻게 말합니까?

"아니야, 우린 이길 수 없어. 그 사람들은 강해."
그러나 하나님은 할 수 있는 가능성을 믿는 하나님의 사람들을 통해서 자신의 역사를 성취하십니다.

"이스라엘 자손 앞에서 그 탐지한 땅을 악평하여 가로되 우리가 두루 다니며 탐지한 땅은 그 거민을 삼키는 땅이요 거기서 본 모든 백성은 신장이 장대한 자들이며 거기서 또 네피림 후손 아낙 자손 대장부들을 보았나니 우리는 스스로 보기에도 메뚜기 같으니 그들의 보기에도 그와 같았을 것이니라"(민 13:32,33).
그러나 여호수아와 갈렙의 말을 들어 보십시오.
"여호와께서 우리를 기뻐하시면 우리를 그 땅으로 인도하여 들이시고 그 땅을 우리에게 주시리라…그들은 우리 밥이라 그들의 보호자는 그들에게서 떠났고 여호와는 우리와 함께하시느니라"(민 14:8,9).
주께서는 이처럼 믿음의 사람, 그리고 주의 말씀을 겸허하게 순종하는 사람들을 통해서 항상 자신의 일을 성취시키십니다. 오늘도 주님은 이런 사람들을 찾고 계십니다. 믿음의 사람을, 그리고 순종하는 사람을! 당신은 이 부르심에 응답할 수 있습니까?

7

하늘 문을 연 기도

본문의 말씀은 갈멜 산에서의 엘리야의 승리 이후의 사건을 우리에게 보여 주고 있습니다. 바알의 선지자들 그리고 아세라의 선지자들 팔백오십 명과의 대결에서 하나님의 능력을 힘입어 당당하게 승리한 하나님의 사람 엘리야, 그 승리 이후의 역사는 어떻게 되었는지를 보여 주고 있습니다.

우선, 이 사건 이후에 아합 왕의 태도와 엘리야의 태도가 본문에서 날카로운 대조를 형성하며 나타나고 있습니다.

1. 아합의 태도

이쯤되면 아합 왕은 하나님의 위대하시고 엄위하신 그 영광스러운 역사의 나타남 앞에 굴복해야만 마땅하지 않을까요? 그리고 자신의 옷을 찢어가며 회개하여 주께로 나아가 자신의 모습을 정리했어야 할 것입니다. 그는 죽은 바알 신이 응답하지 못한다는 사실을 자기의 두 눈으로 똑똑히 목격했습니다. 이제는 죽은 신을 떠나 하나님께로 돌아와야 마땅하지 않겠읍니까? 그러나 본문을 보면 아합 왕이 회개하는 기미가 도무지 보이지 않습니다.

42절 말씀에 의하면 "아합이 먹고 마시러 올라 갔다"고 합니다. 이것은 41절에서의 엘리야의 "큰 비의 소리가 있다"는 선언에 의한 행동입니다. 그러나 3년 6개월 동안의 심한 가뭄을 겪으면서 몇 번씩이나 후회를 되씹을 수도 있었을 텐데도 주께 감사하며 말로 다할 수 없는 깊은 감격의 심경 가운데서 주님께 엎드려 그의 삶을 새롭게 시작하려는 의도조차 보이지 않습니다. 단지 아합은 "먹고 마시러 올라 갔을" 따름입니다. 그는 단지 비가 온다는 사실만으로 족했던 것 같습니다. 이 역사의 배후에서 움직이시는 하나님의 주권적 손길에는 철저히 캄캄했던 이 아합 왕의 모습이 아주 인상적입니다.

본문에서의 아합은 열왕기상 18장 5절에서의 태도와 조금도 달라지지 않았습니다.
"아합이 오바댜에게 이르되 이 땅의 모든 물 근원과 모든 내로 가자 혹시 꼴을 얻으리라 그러면 말과 노새를 살리리니 짐승을 다 잃지 않게 되리라 하고"(왕상 18:5).
삼 년 이상 동안이나 비가 오지 않는 이 가뭄 속에서 아합 왕이 염려했던 것은 그의 백성들이 아닙니다. 한 나라의 통치자인 그가 고작 염려했던 것은 자기 집의 노새와 말들이 물을 마시지 못함으로 죽을까 하는 것이었읍니다. 이런 철저하게 이기적인 인간 아합은 하나님의 위대하고 영광스러운 역사를 목격하고도 그 태도는 여전히 변하지 않았읍니다.

사람들은 증거가 불충분해서 믿지 않는 것이 결코 아닙니다. 믿을 만한 증거가 충분하지 못하기 때문에 하나님의 역사를 거절하는 것이 결코 아닙니다. 사람들이 믿지 못하는 것은 믿음의 눈을 크게 뜨지 못하기 때문입니다. 우리가 능히 믿음의 눈을 크게 열어 이 우주 가운데 역동적으로 작용하시는 하나님의 위대한 손길을 바라보게 되면 우리는 그분 앞에 삼가 머리 숙여 경외하지 않을 수가 없을 것입니다.

그러나 아합 왕은 그의 믿음의 눈으로 하나님을 인정할 만큼 겸손하지도 못했으며 이 하나님의 놀라우신 역사 앞으로 자신을 돌이킬 만큼 자신의 모습을 직시하지도 못했습니다. 그래서 그는 아무런 변화를 체험하지도 못했습니다. 철저하게 변하지 않고 있는 인간 아합! 흐르지 않고 고여 있는 물이 썩듯이 그는 머리끝부터 발바닥까지 성한 곳이 하나 없이 부패했습니다.

이처럼 하나님의 이끌어 주시는 성령님의 역사가 없이는 아무도 회개할 수 없다는 사실을 아합 왕이라는 인간의 생애 속에서 볼 수 있습니다.

2. 엘리야의 태도

아합과 반대로 오늘 본문에 나타나는 엘리야의 태도는 어떠합니까? 제가 만일 갈멜 산에서 850명이라는 이방의 선지자들을 때려눕혀 승리의 개가를 올렸다면 저는 얼마쯤은 이 승리의 감격에 계속 도취해 있었을지도 모릅니다. 또한 축연을 벌이며 내내 그 일을 회상하면서 들떠 있었을 것입니다. 그러나 본문에 나타나는 엘리야의 태도는 이런 종류의 것이 아니었습니다.

본문 42절을 보십시오.

"아합이 먹고 마시러 올라가니라 엘리야가 갈멜 산 꼭대기로 올라가서 땅에 꿇어 엎드려 그 얼굴을 무릎 사이에 넣고."

그는 곧장 기도를 시작합니다. 그는 승리에 오만하지 않고 승리에 도취되지도 아니하고 하나님의 약속의 실현을 위해 기도를 합니다. 이처럼 엘리야는 과연 기도의 사람이었습니다. 그는 문제가 있었을 때에도 기도할 줄 알았지만 문제가 해결된 다음에도 그는 또 기도하기를 잊지 않았습니다.

하나님의 약속의 실현을 위해서 철저하게 기도하는 하나님의 사람,
엘리야를 보십시오. 엘리야는 모든 문제를 끌어안고 주님의 지성소
앞에 나아가 영광스러운 지성소 안에 거하는 우리 하나님과 교제하는
일을 그의 생애에서 무엇보다도 가장 존귀한 사역으로 알고 있었던
것입니다.

그러면 이제 우리는 본문에 나타난 엘리야의 구체적인 기도 생활을
통해서 오늘의 우리가 마땅히 누려야 할 **기도 생활의 참된 모본**을 배
우고자 합니다.

첫째로, 엘리야는 하나님의 약속에 근거하여 기도하였읍니다.
우리는 본문에 나타난 엘리야의 기도가 철저하게 하나님의 약속에 근
거한 기도라는 사실을 명심해야 할 것입니다. 18 장 1 절을 보십시
오.
"많은 날을 지내고 제 삼 년에 여호와의 말씀이 엘리야에게 임하여
가라사대 너는 가서 아합에게 보이라 내가 비를 지면에 내리리라."
이 말씀에 의하면 이스라엘 백성들이 3 년 이상을 가뭄에 시달렸읍
니다. 그때 여호와의 말씀이 엘리야에게 임했읍니다.
"내가 비를 지면에 내리리라."
이것은 하나님의 약속의 선포였읍니다. 이 말씀 때문에 엘리야는 용
감할 수 있었던 것입니다.

갈멜 산에서의 승리로 이방신의 선지자들을 다 제거한 엘리야는 이
때야말로 하나님의 약속의 말씀이 성취되어야 할 때라고 생각했읍니
다. 그래서 그는 갈멜 산 꼭대기에서 우리 주님의 약속을 붙들고 기
도하기 시작했읍니다.
"하나님께서 약속의 말씀을 주셨으므로 반드시 이루어질 것이다."
이 같은 믿음을 가지고 엘리야는 엎드렸읍니다.

한편, 우리는 다음과 같이 생각할 수도 있을 것입니다.
"하나님이 약속하셨으면 기도를 하든 않든 당연히 그것은 이루어질

것이 아닌가!"
이렇게 생각하며 기도하지 않을 수도 있을 것입니다. 그러나 엘리야
는 하나님의 약속은 반드시 기도를 통해서 실현된다는 사실을 알고
있었읍니다.

　그렇습니다. 주께서 역사를 계획하시고 그 계획대로 반드시 운행하
십니다. 그런데 하나님이 작정하신 그 역사와 계획을 기도라는 방편
을 통해서 실현된다는 사실을 우리는 똑바로 이해해야 할 것입니다.
　주님은 우리에게 얼마나 풍성한 약속을 하셨읍니까? 그러나 약속
의 성취는 성경 가운데 나타난 보배로운 그 약속을 붙들고 믿음으로
하나님께 이루어주시기를 간구하느냐에 달려 있읍니다. 당신은 기도
를 통해서, 성경에 나타난 하나님의 약속인 풍성한 삶을 간구하고 있
읍니까?

　에스겔서 36장 24절 이하의 말씀은 이스라엘 백성들에게 주어지
는 약속의 말씀을 아주 세밀하게 기록하고 있읍니다. 37절을 보십
시오.
"나 주 여호와가 말하노라 그래도 이스라엘 족속이 이와 같이 자기들
에게 이루어 주기를 내게 구하여야 할지라…."
"24절 이하 36절까지의 모든 약속을 내가 너희에게 주었으나 그래
도 너희들이 나의 약속대로 너희들에게 이루어지기를 내게 구하여야
할지라."
　하나님은 우리에게 무엇이 필요하며 어떤 일을 이루어야 하는지를
아십니다. 우리를 향한 엄청난 계획을 갖고 계십니다. 그래도 우리에
게 그것이 이루어지기를 구하라고 말씀하십니다. 다시 말하면 하나님
은 기도를 통해서 약속하신 바가 실현되도록 계획하신 것입니다.

　여기에 기도의 소중함이 있읍니다. 그러기에 우리는 하나님이 약속
하신 모든 것이 내 생애 속에 풍성하게 응답될 것임을, 약속하신 것

이 내 생애 속에 이루어질 것임을 분명히 믿지만 그래도 하나님께 간구하는 것입니다.

사도 야고보는 야고보서 4 장에서 이렇게 말합니다.

"너희가 얻지 못함은 구하지 아니함이요"(2 절).

그렇습니다. 그러기에 우리가 하나님의 약속의 성취를 얻기 위해서는 구해야 합니다. 본문에 나타난 하나님의 사람, 엘리야는 하나님의 약속이 반드시 성취될 것임을 알면서도 그 약속의 성취는 기도를 통해서 이루어진다는 바른 인식을 가지고 하나님의 약속에 근거하여 기도할 줄 알았던 하나님의 사람이었습니다.

둘째로, 엘리야는 겸손하게 기도하였읍니다.

본문 42 절에서 이 하나님의 사람, 엘리야의 기도의 태도를 다시 한번 주목해서 보십시오.

"아합이 먹고 마시러 올라가니라 엘리야가 갈멜 산 꼭대기로 올라가서 땅에 **꿇어 엎드려** 그 얼굴을 무릎 사이에 넣고."

여기 진지하게 기도하는 엘리야의 모습을 보십시오. 그는 살아계신 창조주 하나님께 꿇어 엎드려 기도했읍니다. 이스라엘 백성들에게 있어서 기도할 때 엎드린다는 것은 창조주 앞에서의 피조물의 겸허함을 나타냅니다. 창조주 앞에서의 겸허한 태도, 이것이 엘리야의 기도하는 모습입니다.

창세기 18 장 27 절을 보면 아브라함도 "…티끌과 같은 나라도 감히 주께 고하나이다"라고 겸허하게 기도합니다. 자기 자신의 연약함과 자신의 피조물됨을 겸허하게 긍정하고 피조물답게 창조주 하나님 앞에 나아갔던 것입니다.

이사야서 6 장을 보면 하나님의 보좌를 옹위하고 선 스랍들이 자기 얼굴과 발 등 신체를 가리우고 창화하는 모습을 볼 수 있읍니다. 이것도 하나님 앞에서의 겸허함을 나타내는 것입니다.

하늘의 거룩한 보좌에서 이루어지는 영광스러운 장면을 우리에게 보여주는 요한계시록 4 장과 5 장을 보면 보좌를 옹위하고 선 모든 그룹들과 이십사 장로들 그리고 천천만만의 천사들이 하나님의 어린 양에게 엎드려 경배하는 모습을 볼 수 있습니다. 그들은 자기의 면류 관을 벗어 보좌 앞에 던집니다. 자신이 주님 앞에 감히 드러날 수 없는 존재임을, 창조주 하나님의 영광스러운 빛 앞에서의 자신은 보잘 것없는 존재임을 깨달았기 때문입니다.

이와 마찬가지로 엘리야는 무릎을 꿇어 엎드려 얼굴을 무릎 사이에 넣을 정도로 하나님 앞에 겸허한 태도를 보였습니다.

세째로, 엘리야는 구체적으로 기도하였습니다.

엘리야는 막연하게 "하나님, 제 사정을 아시지 않습니까? 좀 도와주 십시오!"라고 기도하지 않았습니다. 그는 무엇을 위하여 기도해야 할 것인가를 분명히 알고 기도했습니다. 이 나라는 갈하므로 비를 내 리게 하는 기도가 필요했습니다. 그리하여 그는 비 오기를 위해 기도 하였습니다.

"…저가 비 오지 않기를 간절히 기도한즉 삼 년 육 개월 동안 땅에 비 가 아니 오고 다시 기도한즉 하늘이 비를 주고 땅이 열매를 내었느니 라"(약 5:18).

야고보가 증언하듯이 엘리야는 자기가 무엇을 구해야 할 것인가를 분 명히 알고 기도했던 것입니다.

열심히 소리소리치며 기도하는 성도들이 있습니다. 그들에게 "무 엇을 그렇게 열심히 기도하시나요?" 하고 물으면 『글쎄요, 그냥 열 심히 기도할 뿐이어요』라고 대답하는 사람들이 많습니다. 그리고 "당 신의 기도 제목은 무엇입니까? 무엇을 위해서 기도해 드리면 좋겠읍 니까?"라고 물으면 『그냥 기도해 주세요』라고 대답하는 사람들이 부 지기수입니다.

"막연하게 기도하면 막연하게 응답하시고 구체적으로 기도하면 구 체적으로 응답하신다"는 말이 있습니다. 그러므로 구체적으로 기도하십시오.

어느 지성인이 다음과 같은 질문을 한 적이 있읍니다.
"비 오지 않기를 혹은 비 오기를 위해 기도하는 것이 성경적인 기도
입니까?"
그러면서 그는 비 오기를 혹은 비 오지 않기를 기도하는 것은 주술적
이며 기복적인 것이므로 그런 기도는 하지 말아야 한다고 결론을 지
었읍니다. 그러나 그는 성경이 무엇인지 기도가 무엇인지도 모르면서
지성과 합리를 앞세우는 오만한 사람입니다. 비 오기를 위해서도 기
도할 수 있읍니다. 성경은 이런 문제를 위해서도 기도할 수 있다고
가르치기 때문입니다.
스가랴서 10 장 1 절의 말씀을 보십시오.
"봄비 때에 여호와 곧 번개를 내는 **여호와께 비를 구하라** 무리에게 소
낙비를 내려서 밭의 채소를 각 사람에게 주리라."
성경은 마땅히 구해야 할 만한 때에 비를 구하는 것이 조금도 무리가
아님을 보여주고 있읍니다.

우리는 자연계를 주장하시는 하나님 아버지께 어린 아이처럼 갖고
싶은 것을 달라고 구할 수 있읍니다. 결혼식날 날씨가 화창하도록 기
도하십시오. 저는 곧 결혼식을 올릴 남녀를 위해서 예행 연습을 할
때마다 꼭 그 문제를 위해서 기도합니다. 두 사람이 함께하는 인생의
첫날이 화창한 날씨 속에서 시작된다는 사실이 얼마나 중요합니까?
그런 문제를 위해서도 기도할 수 있읍니다. 일기를 주장하시는 하나
님을 믿습니까? 계절을 만드시는 하나님을 믿습니까? 역사의 수레
바퀴를 돌리시는 그 하나님을 믿습니까? 필요할 때 비도 구하시고
태양도 구하십시오.

"비를 위하여 명령하시고 우뢰의 번개를 위하여 길을 정하셨음이
라"(욥 28:26).

이 말씀에서 증거하듯이 주께서는 비가 가는 행로를 주장하는 분이십니다. 그분은 비를 명령하시고 우뢰의 번개를 위하여 길을 정하시는 분이십니다. 그분은 날씨를 주장하시고 역사를 주장하시고 계절을 주장하시고 이 모든 것을 말씀으로 다스리시는 분이십니다.

"그런데 전 지역에 비가 내리면 비가 필요치 않은 사람은 어떻게 합니까?"라고 물을 수도 있을 것입니다. 그러나 그런 것까지 걱정할 필요는 없읍니다.

"또 추수하기 석 달 전에 내가 너희에게 비를 멈추어 어떤 성읍에는 내리고 어떤 성읍에는 내리지 않게 하였더니 땅 한 부분은 비를 얻고 한 부분은 비를 얻지 못하여 말랐으매"(암 4:7).

이처럼 하나님은 한 곳에는 비를 주시고 똑같은 시간에 다른 곳은 비를 주시지 않을 수 있으신 분입니다. 하나님의 선하신 뜻과 주권을 제한하지 마십시오. 하나님의 영광을 위한 일이며 주님의 뜻에 합당하다고 확신되는 일이라면 비든 눈이든 태양이든 열심히 구하십시오. 여기에 주술적이라거나 기복적이라는 말을 붙이지 마십시오. 하나님의 아들된 우리는 육신의 아버지께 아들이 칭얼대듯이 그와 꼭 마찬가지로 하나님께 구할 수 있읍니다.

그러므로 엘리야의 비를 구하는 그 구체적인 기도가 우리에게 모본이 되는 것입니다.

네째로, 엘리야는 간절히 기도하였읍니다.

"엘리야는 우리와 성정이 같은 사람이로되 저가 비오지 않기를 **간절히 기도한즉** 삼 년 육 개월 동안 땅에 비가 아니 오고"(약 5:17).

엘리야가 기적을 일으키는 위대한 하나님의 사람이 된 비결은 무엇일까요? 그는 우리와 다른 어떤 재능을 지녔읍니까? 그렇지 않았읍니다. "그는 우리와 성정이 같은 사람"이었읍니다. 그는 우리처럼 실수할 수도 있으며 우리와 마찬가지로 연약해질 수도 있으며 우리처럼 어두운 길을 방황할 수도 있는 그런 연약한 인간성을 지닌 사람이었읍니다. 그런데 그럼에도 불구하고 그가 이토록 능력있는 사람이 된 것은 바로 그 '간절한 기도'에 있습니다. 그는 간절히 기도했습니다. 그 간절한 간구의 심정으로 인해 기도의 능력을 발휘하여 그의 생애 속에 이런 위대한 능력을 가져올 수 있었던 것입니다.

예수께서는 다음과 같은 비유로 끊임없이 기도하라고 가르치셨습니다. 누가복음 11 장을 보면 한밤중에 떡을 빌러 온 한 친구의 이야기가 있습니다. 그는 여행 중에 자기를 찾아온 친구를 대접하기 위해 떡을 빌려달라고 합니다. 잠자리에 누워있던 친구는 귀찮아하면서 다음과 같이 대꾸합니다.
"나를 괴롭게 하지 말라 문이 이미 닫혔고 아이들이 나와 함께 침소에 누웠으니 일어나 네게 줄 수가 없노라"(7 절).
그래도 떡을 구하러 온 그 사람은 계속 문을 두드리며 간청합니다. 결국 그의 친구는 "내가 친구됨을 인하여 너에게 이 떡을 주지 아니할지라도 그 강청함을 인하여 떡을 주겠다. 내가 만일 너에게 떡을 주지 아니하면 밤새도록 문을 두드리겠지? 귀찮아서라도 너에게 떡을 주겠다"라고 말하며 그의 청을 들어줍니다.

누가복음 18 장을 보면 어떤 과부가 자기의 원한을 풀어달라고 매일 재판관을 찾아가 호소합니다. 그는 선한 재판관이 아니었습니다. 그는 하나님을 두려워하지 아니하고 사람을 무시하는 재판관이었습니다. 그런 재판관에게 매일 호소했습니다. 그 재판관은 의를 위하여 변호해줄 생각은 없었으나 "이 과부가 나를 번거롭게 하니 내가 그 원한을 풀어주리라 그렇지 않으면 늘 와서 나를 괴롭게 하리라"(5 절)고 말하며 그 과부의 청을 들어 줍니다.
예수께서 이 비유를 말씀하시면서 다음과 같이 결론을 맺습니다.
"불의한 재판관의 말한 것을 들으라 하물며 하나님께서 그 밤낮 부르짖는 택하신 자들의 원한을 풀어주지 아니하시겠느냐"(6,7 절).

예수께서 시돈 지방으로 들어가셨을 때 가나안, 수로보니게 여인이 예수님 뒤를 따르며 자기 딸을 고쳐달라고 소리질렀읍니다. 그때 예수께서는 아무 반응도 하지 않으시고 "나는 이스라엘 집의 잃어버린 양 외에는 다른 데로 보내심을 받지 아니하였노라"(마 15:24)고 퉁명스럽게 대꾸하셨읍니다. 그래도 그 여인은 포기하지 아니하고 예수님을 좇아와서 머리를 숙이고 다시금 간청하였읍니다.

"주여 저를 도우소서"(마 15:25).

예수께서는 다시 한번 냉담한 태도를 보이셨읍니다.

"자녀의 떡을 취하여 개들에게 던짐이 마땅치 아니하니라"(마 15:26).

당신이 만일 이 가나안 여인의 입장이었다면 어떻게 하겠읍니까? 벌떡 일어나 화를 내며 그 자리를 떠나지는 않았을까요? 그러나 이 여인의 끊임없이 겸손하게 간청하는 태도를 보십시오.

"여자가 가로되 주여 옳소이다마는 개들도 제 주인의 상에서 떨어지는 부스러기를 먹나이다"(마 15:27).

그러자 마침내 예수님은 그 여인의 믿음을 칭찬하시면서 그 여인의 소원을 들어주셨읍니다.

당신은 떡을 간청하는 친구처럼, 끈질기게 부탁하는 과부처럼, 끝까지 겸손한 태도를 유지하면서 응답받을 때까지 자리를 뜨지 않고 있었던 수로보니게 여인처럼 그렇게 하나님께 간청하십니까?

엘리야는 간절히 기도하였읍니다. 하나님께서 비를 내리실 것이라는 약속을 주셨음에도, 마음을 푹 놓고 나태하게 있은 것이 아니라 목이 타는 간절한 기도를 하였읍니다. 그리하여 능력의 사람, 기적을 낳는 위대한 사람이 될 수 있었던 것입니다. 우리도 엘리야의 기도를 모본삼아 간절히 기도해야 할 것입니다.

다섯째로, 엘리야는 계속적으로 기도하였읍니다.

"그 사환에게 이르되 올라가 바다편을 바라보라 저가 올라가 바라보고 고하되 **아무것도 없나이다** 가로되 일곱 번까지 다시 가라 일곱번째 이르러서는 저가 고하되 바다에서 **사람의 손만한 작은 구름**이 일어나 나이다…조금 후에 구름과 바람이 일어나서 하늘이 캄캄하여지며 **큰 비**가 내리는지라"(43–45 절).

우리는 열심히 기도는 하지만 조급하게 기도의 응답을 바랍니다. 그래서 얼른 기도가 응답되지 않을 때에는 '기도해 보았자 소용없는 일이야. 에라, 그만두자'라고 생각하며 쉽게 포기합니다. 그러나 엘리야의 반응은 어떠합니까? 무릎을 꿇고 엎드려 간절히 기도한 후 사환에게 무슨 변화가 없냐고 물었을 때 "아무것도 없다"고 하였읍니다. 그때 그는 포기했읍니까? 아닙니다. 그는 계속 기도했읍니다.

처음에는 아무것도 보이지 않았읍니다. 그러나 포기하지 않고 계속 기도했읍니다. 그때에도 손바닥만한 작은 구름조각만이 보일 뿐이었 읍니다. 그러나 이 손바닥만한 작은 구름이야말로 위대한 능력의 역사를 가져오는 출발점이 된다는 사실을 아십니까?

"겨자씨만한 믿음!"

이 조그마한 씨 하나 정도의 믿음이 커다란 산을 움직일 수도 있다는 사실을 믿으십니까? 이 조그마한 것이 위대한 역사의 출발점이 될 수 있는 것입니다.

아무것도 없었읍니다. 그러다가 뭔가 조그마한 것이 보였읍니다. 바로 그것이 우리에게 희망의 근거가 되는 것입니다. 그 희망을 안고 계속 기도하십시오. 그러면 마침내 구름과 바람이 일어나서 하늘이 캄캄하여지며 큰 비가 내릴 것입니다. 이것이 끝까지 인내하며 기도한 대가입니다. 하나님은 우리의 기도에 반드시 응답하십니다. 그러나 그 때는 하나님이 정하십니다. 그 때가 이를 때까지 계속 기도하십시오. 포기하지 말고 계속 구하십시오. 응답받을 때까지 계속 구하시기 바랍니다.

야곱의 인내를 보십시오. 얍복 강에서 주의 천사와 더불어 씨름하며 기도하는 야곱의 모습을 눈여겨 보십시오.

"당신이 나를 축복하시기 전까지는 내가 당신을 놓을 수가 없나이다.
주님, 나를 축복해 주소서. 주께서 내 기도를 응답하시기 전까지는
나는 결코 당신을 놓지 않겠읍니다."
이 끈질긴 기도를 보십시오. 이것이야말로 우리가 배워야 할 기도입
니다.

   여섯째로, 엘리야는 응답을 기대하면서 기도하였읍니다.
당신은 주님의 응답을 참으로 기대하면서 기도하십니까? "주여, 제발
이 문제를 해결해 주시옵소서"라고 기도한 바로 다음 순간, "아, 이
걸 어떡하지?"하면서 걱정하지는 않습니까? 주께서 응답하실 것을
믿으십니까? 그렇다면 왜 걱정하십니까?
"주님, 당신의 뜻에 합당하다면 반드시 이루어 주실 것을 믿습니다.
주님께 내 모든 염려를 맡기오니 당신의 전능하신 손길로 인도하여
주옵소서."
이렇게 기도하고 일어나십시오. 이제는 더이상 걱정하지 마십시오.
단지 주님이 이루실 때를 기대하십시오.

   갈멜 산 꼭대기에서 엎드려 기도하고 있는 엘리야의 모습을 보십시
오. 그는 기도를 끝내자마자 그의 사환에게 명령을 내립니다.
"올라가 바다편을 바라보라"(43 절).
이것은 그가 기도한 후 기도의 응답을 기대하는 장면입니다.
"하나님께서 약속하셨으므로 이 기도는 응답될 것이다."
사환이 보고를 합니다.
『아무것도 없나이다』(43 절).
엘리야가 다시 명령합니다.
"일곱 번까지 다시 가라"(43 절).
   엘리야의 이 열렬한 기대를 보십시오. 기도한 후, 응답이 나타나기
를 열렬하게 기대하는 모습을 보십시오.
   당신은 기도 후 그렇게 기대하십니까? 기도한 뒤에 "주여, 당신이

역사하심을 바라보기 원합니다"라는 간절한 기대가 당신의 마음 속에 있읍니까? 없다면 당신은 믿음으로 기도한 것이 아닙니다. 믿음으로 기도한다는 것은 하나님이 응답하실 것을 기대하며 응답하실 줄을 믿고 감사하는 것입니다.

시편 130 편 5 절 이하의 말씀을 보십시오.
"나 곧 내 영혼이 여호와를 기다리며 내가 그 말씀을 바라는도다 파수꾼이 아침을 기다림보다 내 영혼이 주를 더 기다리나니 참으로 파수꾼의 아침을 기다림보다 더하도다"(5,6 절).
시편 기자의 이 간절한 기대를 보십시오. 군에 입대하여 보초를 서 보신 경험이 있읍니까? 아침이 되어 교대하기를 얼마나 기다리게 됩니까? 파수꾼이 아침을 기다리는 것보다 더 간절한 심정으로 하나님의 역사를 기대하는 이 열렬한 소망을 보십시오.
"그러나 여호와께서 기다리시나니 이는 너희에게 은혜를 베풀려 하심이요 일어나시리니 이는 너희를 긍휼히 여기려 하심이라 대저 여호와는 공의의 하나님이심이라 **무릇 그를 기다리는 자는 복이 있도다**"(사 30:18).

당신은 기도한 후 하나님의 역사를 기다리십니까? "주여 역사하시기를 원합니다"라는 하나님을 기다리는 목마름이 당신의 기도하는 심령 속에 있는지요? 파수꾼이 아침을 기다리듯이, 일어나시는 하나님을, 행동하시는 하나님을, 역사 속에 들어와 당신의 억울한 사정과 모든 답답함을 푸시기 위해서 역사하실 하나님을 "하나님이여 일어나시옵소서"라고 부르짖으며 주님를 기다림이 당신에게 있읍니까? 기도는 기대를 수반해야 하는 것입니다. 믿음의 기도는 반드시 기대를 동반합니다.

일곱째로, 엘리야는 기도의 응답에 따르는 환경을 준비하며 기도하였습니다.

"일곱번째 이르러서는 저가 고하되 바다에서 사람의 손만한 작은 구름이 일어나나이다 가로되 올라가 아합에게 고하기를 비에 막히지 아니하도록 마차를 갖추고 내려가소서 하라 하니라"(44 절).

아주 흥미있는 이야기입니다. 손만한 작은 구름, 그까짓게 무슨 영향을 끼치겠읍니까? 그러나 엘리야는 그것은 장차 일어날 커다란 비에 대한 징조인 것을 믿었기 때문에 이렇게 말합니다.

"아합 왕이여, 큰 비가 내릴 것이니 마차를 타고 내려가소서."

당신은 기도한 후 그 기도에 대한 응답을 받을 것이라고 신뢰하십니까? 그러면 응답을 받으리라는 확신 속에서, 응답을 받은 후를 위한 준비를 해야 합니다. "주님, 저를 시집보내 주세요"라고 기도했다면 혼수감을 장만하는 등 시집갈 준비를 해야 합니다. 이런 구체적인 믿음이 있어야 합니다. 당신이 주께서 응답하실 것을 믿고 기도하셨다면 기도 후에 일어날 구체적인 결과를 예비하는 것은 우리의 믿음을 나타내는 것입니다.

엘리야는 믿음으로 기도하며 응답에 따르는 환경을 구체적으로 준비하였습니다. 그러나 대부분의 경우, 우리는 어떻게 합니까? 기도하면서도 "설마 이루어지지 않겠지"라는 반응을 보이지는 않는지요? 우리는 실상 응답되지 않을 것을 열렬하게 기대하고 있읍니다. 이것이 인간의 마음과 뇌리 속에 철저하게 뿌리박혀 있는 불신앙의 특색입니다. 그러나 이 모든 불신앙의 아집을 깨뜨리고 철저하게 신뢰하는 의식구조의 변화, 이것이야말로 얼마나 필요한 것입니까?

사도행전 12 장을 보십시오. 베드로가 감옥에 갇혔읍니다. 그래서 예루살렘 교회의 온 교인들이 베드로의 구출을 위해 기도했읍니다. 그러자 하나님께서는 그들의 기도를 외면치 않으시고 천사를 보내어 베드로를 감옥에서 이끌어 내셨읍니다. 감옥에서 나온 베드로는 자기를 위해 기도하고 있는 사람들에게 보이기 위해 그들을 찾아갔읍니다. 대문을 두드리니 계집 아이가 나왔다가 베드로의 음성을 듣고 기도하는 무리에게 돌아가서 기쁜 소식을 전했읍니다.

"여러분, 베드로가 돌아왔어요 !"

그 때 기도하던 무리의 반응이 어떠했읍니까 ?

『너, 미쳤구나 ! 』

베드로의 구출을 위해서 간절히 기도했던 사람들이 베드로가 돌아왔다는 소식에 미쳤다고 반응합니다. 이것은 인간의 본성이 얼마나 불신앙으로 가득한가를 보여주는 좋은 예입니다.

그런데도, 불신앙이 가득한데도 우리의 기도에 신실하게 응답하시는 하나님은 얼마나 영광받으시기에 합당한 분이십니까 ? 철저하게 신뢰하지도 못하고 기도했지만 그래도 그것까지 응답하셨읍니다. 이처럼 우리는 은혜에 빚진 자들입니다. 긍휼에 풍성하신 하나님의 사랑에 빚지고 살아가는 사람들입니다.

이제, 본문에 나타난 엘리야의 기도에 대한 응답을 보십시오.

"조금 후에 구름과 바람이 일어나서 하늘이 캄캄하여지며 큰 비가 내리는지라…"(45 절).

엘리야는 "하나님, 이 땅에 비를 주시옵소서"라고 기도했을 것입니다. 그런데 하나님은 비가 아니라 큰 비를 주셨읍니다. 삼 년 전 엘리야는 이 땅에 비가 내리지 않기를 기도했읍니다. 그때 하나님은 비가 오지 않게 하셨을 뿐만 아니라 시내까지 바싹 마르게 역사하셨읍니다. 하나님의 이 풍성한 응답을 보십시오. 기대 이상으로 이루어 주시는 하나님, 우리가 원하는 것 이상으로 역사하시는 하나님의 위대하심을 보십시오. 그리고 찬양하십시오. 그리고 풍성하게 응답하시는 이 하나님을 믿고 응답에 대한 준비를 하면서 기도하십시오.

8

영적 침체와 치유

열왕기상 18장과 19장을 보면 엘리야는 생애의 급격한 전환점을 맞이하게 됩니다. 마치 영광스러운 태양이 빛을 발하며 떠있는 맑은 하늘이 갑자기 검은 구름으로 뒤덮이는 광경을 보는 듯합니다. 최선이 최악으로, 정상이 계곡으로 변모하는 모습을 우리는 여기에서 발견하게 됩니다. 18장 46절을 보십시오. "여호와의 능력이 엘리야에게 임하매 저가 허리를 동이고 이스르엘로 들어가는 곳까지 아합 앞에서 달려갔더라."

이처럼, 여호와의 능력이 임했던 엘리야는 고독과 절망 속에서 한없이 나약해진 엘리야로 변모하였습니다. 하나님의 능력이 임했다는 사실과 고독과 허무를 느끼며 죽기를 구하고 있는 엘리야의 모습은 얼마나 대조적입니까?

이것은 우리에게 어떤 교훈을 줍니까? 우리는 부흥이 일어난 다음 순간을 조심해야 합니다. 하나님의 축복이 내게 임한 그 다음 순간을 조심해야 합니다. 나는 승리했다고 생각하며 하나님께 감사드린 그 다음 순간을 더욱 조심해야 합니다. 왜냐하면 그 다음 순간에 바로 사단은 우리를 지리멸렬하게 노략하기 위해서 기다리고 있는 까닭입니다.

갈멜 산의 정상에서 승리를 노래하며 외치던 엘리야, 그가 로뎀나무 아래 쓸쓸히 앉아서 자기 생명을 거두어 가시기를 하나님께 구하고 있는 연약한 모습은 얼마나 인간적이 갈등을 나타내고 있습니까? 여기에서 우리는 더욱더 성경의 진실성을 알게 됩니다.

당신은 엘리야의 어떤 모습이 엘리야의 진실한 모습이라고 생각하십니까? 갈멜 산에서 바알 및 아세라를 섬기는 팔백오십 명의 선지자들과 대결해서 당당한 승리를 거두었던 엘리야의 모습, 불로 응답하시는 하나님의 위대한 능력의 장중 안에 붙들림을 받았던 그 엘리야의 모습이 진정한 모습입니까? 아니면 로뎀나무 아래 앉아서 죽고 싶다고 한탄하는 모습이 진정한 모습입니까? 그러나 우리는 엘리야의 생애에서 이 갈멜 산 정상에서의 체험과 로뎀나무 아래에서의 체험을 결코 분리할 수가 없습니다. 여기서 우리는 너무나 인간적인 엘리야의 참된 모습을 볼 수가 있는 것입니다.

우리도 이 갈멜 산과 로뎀나무 밑을 하루에도 몇 번씩 왔다갔다 합니다. 저 역시 그러합니다. 하나님의 능력과 사랑의 충만함을 입어서 잃어버린 영혼들이 주께 돌아오는 모습을 바라보고, 성도들의 신앙이 장성하는 것을 볼 때에는 "주여, 제가 생명과 삶을 주께 바친 것을 결코 후회하지 않습니다"라고 말합니다. 그러다가도 속상한 일만 생기면 "에라, 깨끗이 집어치우자!"라는 생각이 듭니다. 하루에도 몇 번씩 이 갈멜 산과 로뎀나무 밑을 왔다갔다 합니다. 이것은 아마도 모든 사람들에게 다 있는 진실한 인간 체험일 것입니다. 야고보 사도가 말한 대로 엘리야는 우리와 성정이 같은 사람이었읍니다. 엘리야는 다름 아닌 우리 한 사람, 한 사람의 모습인 것입니다.

이제 본문 1 절을 보십시오.

"아합이 엘리야의 무릇 행한 일과 그가 어떻게 모든 선지자를 칼로 죽인 것을 이세벨에게 고하니."

아합은 엘리야 선지자에게 바알 선지자들이 무참하게 패배당하는 장면을 통해서 여호와 하나님의 위대한 승리와 능력을 목격했읍니다. 그때 이세벨은 자기의 남편인 아합이 돌아오기만을 하루 종일 기다리고 있었을 것입니다.

'갈멜 산에서의 경쟁이 어떻게 되었을까? 엘리야 한 사람 쯤이야 넉넉히 물리치고도 남았겠지.'

그날 하루는, 특히 이세벨에게 있어서는 길고 긴 하루였을 것입니다. 그런데 위의 말씀을 보면 아합 왕은 궁으로 돌아오자마자 아내에게 보고합니다. 그는 철저한 공처가였던 것입니다.

어떤 책에 다음과 같은 이야기가 있읍니다.

어느 나라에 공처가 선발대회가 열렸읍니다.

"누가 진정한 공처가인가!"

진정한 공처가를 가려내기 위해서 빨간색 깃발과 노란색 깃발을 꽂아 놓고 수없이 몰려든 공처가들에게 심판관이 다음과 같이 선언했읍니다.

"당신들이 정말 공처가라고 생각하면 노란 깃발 앞으로 모이시오!"

거의 모든 사람들이 다 노란 깃발 앞으로 가는데 한 사람만 빨간색 깃발 앞에 외롭게 서 있었읍니다. 심판관이 그 사람에게 왜 그렇게 혼자 그 쪽에 서 있느냐고 물었읍니다. 그 사람이 대답하기를 『내 아내가 사람이 많이 모이는 곳에는 가지 말라고 했읍니다.』

아합도 아마 그와 같은 사람이었을 것입니다.

그런데 아합은 하나님이 어떻게 역사하셨는지에 대한 증거는 말하지 않습니다. 우리 하나님이 갈멜 산에서 바알 선지자들의 그 모든 요구와 그들의 도전을 어떻게 어떻게 물리치셨으며 얼마나 능력있는 분이셨던가를 말하지 않았읍니다. 아직도 아합의 입술에는 하나님에 대한 진실한 고백이 없었던 것입니다.

표적이 부족해서 믿을 수 없다고 주장하는 사람들은 영원히 신앙 안에 들어가지 못할 것입니다. 구약성경에서 이스라엘 백성들은 얼마나 많은 하나님의 표적을 목격했읍니까? 그러고도 그들이 철저한 불신앙 속에 머물러 있었던 것을 보십시오. 아합에게 표적이 부족했읍니까? 그는 하나님이 그들 가운데 역사하시는 것을 자기의 눈으로 보았읍니다. 그러고도 아직 그의 마음속에 하나님에 대한 외경심이 결핍되어 있는 것입니다.

그래서 바울 사도는 표적으로 기독교 신앙을 입증하려고 하지 않았읍니다.
"유대인은 표적을 구하고 헬라인은 지혜를 찾으나 우리는 십자가에 못박힌 그리스도를 전하니…"(고전 1:22,23).
유대인은 표적을 보고 믿는 경향이 있었읍니다.
"우리에게 표적을 보여 주십시오. 그러면 믿겠읍니다."
이것이 유대인들의 신앙 생리였읍니다. 그들은 가시적(可視的)인 사실에 근거하여 그들의 신앙을 세우고자 했던 것입니다. 반대로 헬라인들은 그들의 이성(理性)에 받아들일 수 있는 합리적인 사건을 통하여 그들의 신앙을 세우고자 했읍니다. 그러나 유대인이나 헬라인에게 공통된 모순 하나가 있읍니다. 그것은 그들이 자기들의 주관적인 사건 속에서 신앙의 근거를 찾으려고 했다는 것입니다. 표적이나 눈에 보이는 어떤 현상도 어디까지나 자기의 주관적인 체험에 불과합니다. 자기의 지식이나 생각, 판단도 주관적인 것에 불과합니다. 그러나 십자가에 못박히신 그리스도, 역사가 증명하고 하나님의 말씀이 증언한 그 그리스도만이 우리의 진정한 신앙의 대상입니다.

오늘날도 얼마나 많은 사람들이 십자가에 못박히신 그리스도를 따르기보다는 눈에 나타나는 표적만을 따르고 있읍니까? 오늘도 얼마

나 많은 사람들이 십자가에 못박히신 그리스도를 구하기보다 내 이성
에 맞는 합리적인 대상을 구하고 있읍니까? 그리고 그들은 그들의
이성이 얼마나 부패한 것인가를 알지 못하고 있읍니다. 그들의 지식
이 얼마나 불합리한 것이며 그들의 판단이 하나님 보시기에는 얼마나
연약하고 졸렬한 것인가를 알지 못합니다.

그러나 자기의 지성에 대해서 회의를 품으며 자기의 지식이나 이성
이 얼마나 불합리하며 얼마나 부조리하며 하나님 보시기에 얼마나 잘
못되어 있는가를 철저하게 깨달은 사람들은 신앙의 근거를 지식이나
이성에서 구하지 않습니다. 그들은 주님의 말씀으로 달려갑니다. 그
리고 하나님이 어떻게 말씀하셨는가를 구합니다. 어느 시대에나 성경
적 신앙의 근거는 하나님의 말씀에 의한 예수 그리스도와의 분명한
관계를 통해서만 성립된다는 사실을 잊지 말아야 합니다.

이기적이고 많은 표적을 원했던 아합은 하나님이 그렇게 위대하게
역사하셨음에도 불구하고 끝끝내 불신앙의 자리에 머물러 있읍니다.
그리고 이세벨에게 엘리야 선지자가 바알과 아세라의 선지자들을 칼
로 죽인 것을 고자질합니다. 이것이 이세벨의 분노를 불러 일으킵니
다.
"이세벨이 사자를 엘리야에게 보내어 이르되 내가 내일 이맘때에는
정녕 네 생명으로 저 사람들 중 한 사람의 생명 같게 하리라 아니하
면 신들이 내게 벌 위에 벌을 내림이 마땅하니라 한지라"(2절).
즉, 이세벨은 엘리야의 생명을 찾겠다고 결심합니다.

이세벨이 자신을 죽이려 한다는 사실을 안 엘리야는 어떤 반응을
보입니까? 바로 얼마 전만 해도 갈멜 산의 정상에서 팔백오십 명이
나 되는 이방의 선지자들과 대결하여 당당한 승리를 거두었던 하나님
의 사람이 일개 여인의 말에 대해 어떻게 반응하는지 보십시오.
"저가 이 형편을 보고 일어나 **그 생명을 위하여 도망하여** 유다에 속한
브엘세바에 이르러 자기의 사환을 그곳에 머물게 하고 스스로 광야로

들어가 하룻길쯤 행하고 한 로뎀나무 아래 앉아서 죽기를 구하여 가로되 여호와여 넉넉하오니 지금 내 생명을 취하옵소서 나는 내 열조보다 낫지 못하니이다 하고"(3,4 절).

1. 위기에서의 실패

엘리야는 왜 이렇게 허둥댈까요? 그의 절망의 원인은 도대체 무엇입니까? 우리는 그것을 본문에서 네 가지로 분석해 볼 수 있읍니다.

첫째로, 엘리야는 말씀에 의해서 행동하려고 하지 않았읍니다.
지금까지 엘리야는 한 장소에서 다른 장소로 옮길 때 또는 어떤 일을 행하여야 했을 때 항상 주님의 말씀을 기다렸읍니다. 새로운 행동을 시도할 때마다, 새로운 계획을 시도할 때마다, 새로운 환경에 접근할 때마다, 새로운 상황 속에 들어갈 때마다 그는 "하나님의 말씀이 임한" 후에 행동했읍니다. 그런데 여기에서 이세벨이 엘리야에게 목숨을 잃을 것이라고 경고했을 때 엘리야는 어떻게 했읍니까? 주님의 말씀을 기다려 보지도 않고 '걸음아 날 살려라'하고 뺑소니쳤읍니다. 엘리야는 너무나 두려워서 하나님의 말씀을 기다릴 새도 없었던 것입니다.

우리 생활 속에 이것을 적용해 보십시오. 우리가 때때로 실패할 때, 우리가 넘어지려고 할 때 그 원인을 잘 분석해 보십시오. 그럴 때마다 뚜렷한 원인 중의 하나는 우리가 주님의 말씀에 의해서 행동하지 않았다는 데에 있읍니다. 내 기질대로 내 감정대로 내 환경을 보고 행동했을 뿐 하나님의 말씀을 따라 행하지 않았던 것이 우리 인생의 실패 원인이 된 것이 한두 번이 아닐 것입니다.

당신은 어떤 일을 당할 때 주님의 말씀을 기다립니까? 새로운 환경에 처할 때 "주여, 제가 이런 상황 속에서 어떻게 행하여야 할지 저에게 가르쳐 주옵소서"라고 기도하며 성경을 펼쳐 주님의 뜻을 찾습니까? 엘리야를 보십시오. 하나님의 말씀이 임하여야 움직이던 그가 일순간의 두려움으로 하나님의 말씀을 기다리지도 않고 도망하였읍니다. 그것이 그가 위기 속에서 패배한 이유 중의 하나입니다. 무슨 일을 하든지 그 일을 시작하기 전에 주님의 말씀을 기다리십시오. 그리고 그 말씀을 따라 행동을 개시하십시오. "주의 말씀은 내 발에 등이요 내 길에 빛"(시 119:105)입니다. 말씀없이 하루를 시작하지 마십시오. 말씀없이 한 달의 삶을 계획하지 마십시오. 말씀없이 새로운 환경과 새로운 과제 앞에 도전하지 마십시오. 하나님의 말씀으로 충만하여 이 말씀에 의해서 사고와 생활 전체가 지배함을 받도록 하십시오. 그리할 때 어두운 세상을 잘 헤쳐 나갈 수 있을 것입니다.

둘째로, 엘리야는 육체적으로 과로했읍니다.
엘리야는 그 동안 참으로 바쁜 삶을 살았읍니다. 이곳 저곳으로 옮겨 다니는 생활 그리고 갈멜 산에서의 분주한 싸움 등으로 인해 엘리야는 육체적으로 얼마나 지쳐 있었을까요? 엘리야는 육체적 피곤함으로 인하여 하나님께 물어 볼 기력도 없이 도망갈 수밖에 없었던 것입니다. 그래서 하나님은 엘리야를 불쌍히 여기시고 푹 잘 수 있게 해 주시고 천사를 보내어 음식을 제공하여 기력을 회복케 하셨던 것입니다.

우리 인간은 육체를 지니고 있으므로 쉼이 필요합니다. 육체적인 휴식이 필요합니다. 엘리야처럼 육체적인 피곤이 겹치면 육체뿐만 아니라 영적, 정신적 건강도 파괴됩니다.

한편, 인간의 구조에 대해 잠깐 살펴봅시다.
인간의 구조에 대한 논의는 크게 두 가지로 나누어 볼 수 있읍니다. 영과 혼과 육의 세 부분으로 구성되었다는 「삼분설」과 영혼과 육체 두 가지로 이루어졌다는 「이분설」이 있습니다. 그러나 저는 이 두 가지를 다 틀렸다고 생각합니다. 저는 인간의 구조에 대해 「일분설」

을 주장하고 싶습니다.

창세기를 보면 하나님께서 인간을 흙으로 빚으시고 그 코에 생기를 불어 넣으셨다고 기록되어 있습니다. 즉, 최초에 창조된 인간을 구성한 것은 두 가지밖에 없었읍니다. 하나는 흙이라는 물질과 또 하나는 하나님의 생기라는 비물질입니다. 그런데 인간의 육체 속에 하나님의 생기가 들어갔을 때 성경은 말하기를 인간이 "생령"이 되었다고 합니다. 그 생령이라는 말을 더 정확히 번역해서 옮기면 그것은 「전인격」이라는 말입니다. 즉, 하나님의 생기로 인해 인간은 인격을 가진 존재가 되었읍니다. 인간은 흙으로 빚어진 육체에 하나님의 생기를 받음으로 둘이 합해서 나눌 수 없는 한 인격이 된 것입니다.

우리가 세상을 떠날 때는 이것이 분리됩니다. 물질과 비물질로 분리됩니다. 다시 말하면, 비물질인 인간의 영혼이 물질인 육체에서 떠나갑니다. 그것을 우리는 「육체적인 사망」이라고 말합니다.

그러나 우리가 이 세상에 살아 있는 동안에는 영혼과 육체가 불가분하여 한 전체를 형성하고 있읍니다. 그러므로 영혼이 육체에 영향을 끼치고 육체가 영혼에게 영향을 끼칩니다. 우리의 육체가 피곤해지면 영적 생활에도 영향을 미쳐 영혼도 피곤해집니다. 너무 지치고 너무 피곤하다 보면 기도할 마음도 의욕도 상실하고 또 주님의 말씀에 접근하고 싶은 마음도 상실하는 경우들이 참 많습니다. 반면에 내가 영적으로 문제가 있을 때, 죄로 인한 갈등이 내 마음 속에 있을 때 그것이 육체적으로도 나를 피곤하게 만듭니다. 그래서 육체의 질병을 초래하기도 합니다. 영혼과 육체는 이처럼 밀접하게 관련되어 있어 상호 영향을 끼칩니다. 그래서 저는 **인간은 한 인격체로서 하나의 구성 성분을 지닌 존재**라고 주장하는 것입니다.

그러나 신학자들은 보통 **삼분설**을 주장합니다. 왜 삼분설을 주장하는지 성경에서 그 근거를 찾아보겠읍니다.

히브리서 4 장 12 절을 보십시오.
"하나님의 말씀은 살았고 운동력이 있어 좌우에 날선 어떤 검보다도 예리하여 **혼과 영과 및 관절과 골수**를 찔러 쪼개기까지 하며 또 마음의 생각과 뜻을 감찰하나니."
많은 신학자들이 이 말씀을 근거로하여 삼분설을 주장합니다. 그러나 문자 그대로 분리하자면 삼분설이 아니라 사분설입니다. 혼과 영, 관절과 골수로 나누어야 합니다. 또한 이 말씀은 인간의 구조에 대해 이야기하고자 함이 아니라 하나님의 말씀에 강조를 두어 그것은 인간의 전 존재(全存在)를 꿰뚫는 것임을 말하는 것입니다. 하나님의 말씀은 우리의 마음 구석구석을 조명하여 우리가 품은 생각을 낱낱이 폭로하며 또한 우리를 치료하는 능력이 있음을 강조하는 것입니다.

이제, 데살로니가전서 5 장 23 절을 보십시오.
"평강의 하나님이 친히 너희로 온전히 거룩하게 하시고 또 너희 온 **영과 혼과 몸**이 우리 주 예수 그리스도 강림하실 때에 흠없게 보전되기를 원하노라."
여기에서도, 영과 혼과 몸이라는 구분은 인간의 존재 구조를 의도적으로 나누기 위해서 기록된 것이 아닙니다. 단지 이 말씀은 예수님이 다시 오실 때까지 우리들의 전 인격(全人格)이, 전 존재가 다 흠없이 성결하게 보존되기를 원하다는 것을 강조하고자 한 것뿐입니다. 성경의 기자가 강조하지 않은 것을 우리가 무리하게 해석하여 인간의 구조를 마음대로 나누기 시작할 때 성경 해석에 커다란 오류를 범할 수 있읍니다. 이러한 무리한 해석으로 말미암아 윗치만 니처럼「혼」만을 중요시하는 이상한 교리가 등장하여 수많은 그리스도인들을 미혹케 하는 잘못된 신앙의 경향으로 이끌어 갔음을 부인할 수 없읍니다.

성경이 가르치고 있는 것은 무엇입니까 ?
인간은 영혼과 육체, 물질과 비물질이 결합하여 나눌 수 없는 한 인격체

라는 것입니다. 그래서 영혼과 육체는 서로에게 영향을 미칩니다. 그러므로 우리는 육체적인 관리에도 신경을 써야 합니다. 인간의 육체를 정죄하는 것은 기독교 사상이 아닙니다.

"너희가 먹든지 마시든지 무엇을 하든지 하나님의 영광을 위하여 하라"(고전 10:31).

이처럼, 성경은 육체를 위해서 먹고 마시는 것을 금하지 않습니다. 기독교는 금욕주의를 강조하지 않습니다. 육체를 위하여 먹고 마십시오. 단 뚜렷한 목표, **하나님의 영광을 위하여 먹고 마셔야 합니다.**

"혼인을 금하고 식물을 폐하라 할 터이나 식물은 하나님이 지으신 바니 믿는 자들과 진리를 아는 자들이 감사함으로 받을 것이니라"(딤전 4:3).

엘리야의 정신적인 실패의 원인, 위기에서의 패배의 원인은 시간 관리를 적절히 하지 못해 육체적으로 과로했다는 데에 있었음을 지적하지 않을 수 없습니다. 만일 당신이 영적으로 침체되어 있다는 생각이 든다면 먼저 다음과 같이 검토해 보십시오.

"내가 너무 무리하지 않았는가? 지나치게 분주하지 않았는가? 나의 건강과 시간을 관리하는 일에 실패하지 않았는가?"

그런 후, 당신이 너무 무리했다는 생각이 든다면 육체적으로 푹 쉬십시오. 그리고 음식을 먹고 마셔서 기력을 회복하십시오.

세째로, 엘리야는 고독의 처리에 실패했습니다.

엘리야는 그동안 많은 사람들이 보고 있는 무대 위에서 행동을 해 왔읍니다. 팔백오십 명의 이방신의 선지자들과 그들을 둘러싸고 있던 수많은 사람들의 눈이 엘리야에게 집중된 가운데 하나님의 능력을 과시했읍니다. 그러나 이제 연기는 끝났읍니다. 막은 내렸읍니다. 크게 승리했지만 홀로 있게 된 엘리야는 쓸쓸해지기 시작했읍니다.

당신은 갈채 이후에 오는 고독을 경험해 보신 일이 있읍니까? 상을 받은 뒤에 오는 허무감을 느껴 본 적이 있읍니까?

"내가 겨우 이것을 위해서 이렇게 열심히 일하였던가!"
합격 이후에 오는 허무감을 경험해 본 적이 있습니까? 당신이 어떤
목표를 달성한 바로 그 다음에 찾아오는 허무를 느껴 본 적이 있습니
까? 신혼여행에서 돌아오자마자 느끼는 허무감, 그런 것을 느껴 본
적이 있읍니까? 엘리야의 고독은 아마도 이런 느낌이었을 것입니다.

본문 10 절을 보십시오.
"저가 대답하되 내가 만군의 하나님 여호와를 위하여 열심이 특심하
오니…."
엘리야는 여호와를 위한 열심이 보통이 아니라 특심한 사람이었읍니
다.
"주여, 제가 얼마나 열정을 쏟아 당신을 위해서 일해 왔는가를 당신
도 잘 아실 것입니다. 저는 지금까지 주를 위하여 열심히 일해 왔읍
니다."
계속되는 말씀을 보십시오.
"…이는 이스라엘 자손이 주의 언약을 버리고 주의 단을 헐며 칼로
주의 선지자들을 죽였음이오며 **오직 나만 남았거늘** 저희가 내 생명을
찾아 취하려 하나이다."
'주님, 저만 혼자 남았읍니다. 저 혼자밖에는 없읍니다. 그래서 외롭
습니다. 주님의 도움으로 승리했지만 그럼에도 불구하고 저는 아직도
혼자입니다. 그리고 저들이 저의 생명을 노리고 있읍니다.'
엘리야는 이 고독의 처리에 실패했던 것입니다.

그런데 우리 예수님은 고독의 문제를 어떻게 해결하셨을까요?
당신은 고독할 때 무엇을 하십니까? 혼자 있을 때, 잠이 오지 않
을 때 무엇을 하십니까? 밖으로 나가 방황을 하십니까? 그 고독의
시간을 어떻게 처리하느냐에 따라 하나님과 가까와질 수도 있고 멀어
져서 타락할 수도 있읍니다. 예수님의 고독의 처리방법이 어떠했는지
살펴보고 그분에게서 배웁시다.

요한복음 16 장 32 절을 보십시오.
"보라 너희가 다 각각 제 곳으로 흩어지고 나를 혼자 둘 때가 오나니 벌써 왔도다 그러나 내가 혼자 있는 것이 아니라 아버지께서 나와 함께 계시느니라."
예수님이 십자가의 고난을 당할 때가 다가오자 예수님을 통해서 축복과 영광과 권세를 얻고자 했던 제자들은 한 사람, 한 사람 뿔뿔이 흩어지기 시작했습니다. "주의 영광 중에서 우리를 하나는 주의 우편에, 하나는 좌편에 앉게 하여 주옵소서"(막 10:37)라며 영광과 권세를 구했던 사람들은 예수님이 정치적인 메시야가 아님을 알고는 하나 둘 예수님 곁을 떠났습니다.

그리고 마침내 주님은 혼자가 되셨습니다. 이때 만일 주님이 "결국 너희들은 다 이렇게 가고 마는구나. 내가 너희들을 위해서 일했지만 말짱 헛것이로구나. 나도 그만두겠다"라고 말씀하시며 모든 사역을 포기하셨다면 어떻게 되었을까요? 그러나 주님은 그렇게 약한 분이 아니셨습니다.
"보라 너희가 다 각각 제 곳으로 흩어지고 나를 혼자 둘 때가 오나니 벌써 왔도다 그러나 내가 혼자 있는 것이 아니라 **아버지께서 나와 함께 계시느니라**"(요 16:32).
이처럼 예수님은 하나님의 임재를 늘 체험하며 고독한 시간을 망각하실 수 있었습니다.

당신은 하나님이 당신과 함께하심을 믿으십니까? 아무리 고독하고 외로운 순간에도 주께서 당신과 함께 계시다는 사실을 믿으시는지요? 함께 계시는 주님을 묵상하십시오.
"주님은 나와 함께하십니다. 아버지는 나와 함께 계십니다!"
예수님은 자신이 열과 성의를 다해서 키운 제자들이 하나 둘 흩어졌으나 외로움을 느끼지 않으셨습니다. 많은 문학가들이 "고독하신 예수님" 운운하지만 예수님은 결코 고독하지 않으셨습니다. 왜냐하면 예수님은 아버지 하나님과 함께 계셨기 때문입니다. 하나님이 나와 함께하신다는 놀라운 사실이 우리 주님의 고독을 극복케 한 위대한 삶의 비밀이었던 것처럼 우리도 이 사실을 잊지 말아야 할 것입니다.

"아버지께서 나와 함께 계십니다."

왜 실망하십니까? 왜 낙심하십니까? 왜 눈물을 흘리십니까? 전지전능하신 아버지, 위대한 능력의 아버지가 나와 함께 계시는데요!

네째로, 엘리야는 하나님을 바라보지 아니하고 환경을 바라보았읍니다.

본문 3절을 보십시오.

"저가 이 형편을 보고…."

엘리야는 이세벨이 자기의 목숨을 죽이려 한다는 사실을 알고 무척 두려워하여 그 상황만이 자신에게 크게 부각되었습니다. 이때까지 자기가 보아온 그 하나님의 위대한 능력을 순식간에 망각해 버린 것입니다. 그는 자기와 함께하시는 하나님, 위대한 능력으로 엘리야의 삶 속에서 역사하시는 그 하나님을 믿음의 눈으로 보지 못하고 환경만을 보았던 것입니다. 이것이 위기 속에서의 엘리야의 실패 원이이었읍니다.

성경을 보면 하나님의 백성들이 실패할 때는 항상 그런 이유로 실패합니다.

홍해 바닷가에서 우왕좌왕하며 모세를 원망하던 이스라엘 백성들을 보십시오. 왜 그렇게 허둥대며 모세를 원망했을까요? 그들이 무엇을 보았기 때문입니까? 그들은 홍해의 넘실거리는 물결을 보았습니다. 그래서 그들은 이렇게 원망했읍니다.

"아니, 애굽에 매장지가 없어서 우리를 여기까지 이끌어 내어 이 광야에서 죽게 합니까?"

그들은 환경을 보았읍니다. 그들은 하나님을 보지 않았읍니다. 큰 물

결이 넘실거리는 홍해의 그 절망적인 상황 속에서도 능력의 하나님, 전지하신 하나님이 그들과 함께 계시다는 사실을 보는 데 실패했던 것입니다.

물 위를 걸어가던 베드로도 예수 그리스도만을 똑바로 보았을 때는 물 위가 마치 평평한 땅인 것처럼 걸어갈 수 있었습니다. 그러나 발 아래서 넘실거리는 파도를 보았을 때 베드로는 물 속에 빠졌습니다.

당신은 어떠한 환경 속에서도 주님을 바라보십니까? 어떠한 환경 속에서도 "주님, 내 시선이 주님께만 머물 수 있도록 도와 주옵소서"라고 기도하며 주님만을 바라본다면 당신은 결코 실패하지 않을 것입니다.

2. 위기에서의 회복

엘리야는 목숨이 경각에 달린 위기에 처했습니다. 엘리야는 너무나 두려워서 하나님의 지시가 없었는데도 그냥 도망쳤습니다. 그가 다가온 위기를 잘 처리하지 못하고 실패한 원인은 하나님의 말씀을 기다리지 않은 점, 육체적으로 몹시 과로했던 점, 고독의 처리에 실패한 점, 하나님만을 바라보지 아니하고 환경을 바라본 점 등 네 가지가 있습니다. 그러나 하나님은 이 엘리야의 실패에도 불구하고 그를 돌보십니다. 하나님의 놀라우신 은총을 보십시오. 하나님이 엘리야를 위기 속에서 어떻게 회복시키실까요?

하나님이 엘리야를 회복하시는 단계를 몇 가지로 생각해 보겠습니다.

첫째로, 하나님은 엘리야의 육체적 안식을 허락하셨습니다.
제가 미국에서 공부하는 동안 저를 아껴 주시고 공부시켜 주신 예거라는 할아버지 한 분이 계십니다. 그분이 저를 만날 때마다 하시는 말씀이 "좀 쉬라"는 것이었습니다. 저는 처음에는 그분의 이야기를 잘 이해하지 못했습니다. 그는 영적으로도 굉장한 거인일 뿐만 아니라 국제 기독교 실업인 협회장으로 오랫동안 주님을 섬긴, 많은 사람들로부터 존경을 받는 분이었읍니다. 그러한 그가 "전도에 힘쓰십시오!", "기도를 열심히 하십시오", "설교 준비를 많이 하십시오!" 등의 부탁을 하는 것이 아니라 단지 "쉬라"는 부탁을 하곤 했읍니다. 저는 그런 부탁을 하는 이유를 깨닫지 못하고 미국의 그리스도인들은 실용주의자들이라 안이해서 그럴 것이라고 생각했읍니다. 그러나 점점 시간이 흐를수록 그 분의 말씀을 고맙게 생각합니다. 쉼이 없을 때, 너무 분주할 때 영적으로도 메말라간다는 것을 경험하게 되었기 때문입니다. 이처럼 우리에게는 육적인 안식의 시간이 필요합니다.

하나님께서 그 동안 분주했던 엘리야에게 제일 먼저 어떻게 역사하셨읍니까? 본문 5절을 보면 엘리야는 로뎀나무 아래에서 누워 잠을 잤읍니다. 골치 아픈 일이 있읍니까? 고통스러운 일이 있읍니까? 먼저 한잠 푹 주무십시오. 만사를 다 잊어버리고 우선 잠을 청하십시오. 마음이 괴롭고 답답할 때 한잠 푹 자고 나면 잠들기 전에는 세상만사가 귀찮았다가도 새롭게 시작해 보고자 하는 마음이 솟아납니다. 이처럼 잠은 하나님이 주신 귀중한 선물입니다. 우리 인생의 모든 것을 말끔히 치료해 주니까요. 우리에게 잠을 주신 하나님을 찬양합시다.

둘째로, 하나님은 천사를 보내어 엘리야에게 음식물을 제공하셨읍니다.
"본즉 머리맡에 숯불에 구운 떡과 한 병의 물이 있더라 이에 먹고 마시고 다시 누웠더니"(6절).
하나님은 이처럼 세미한 것까지 돌보아 주십니다. 쉽게 지치고 피곤해 하는 우리의 육신은 영양의 공급이 필요하기 때문입니다.

세째로, 하나님은 천사를 보내어 엘리야를 어루만지게 하셨읍니다.

우리가 간과할 수 없는, 하나님의 회복하시는 역사 중의 하나는 하나님이 천사를 보내어 잠을 자고 있는 엘리야를 어루만지게 하신 일입니다. 천사가 엘리야의 피곤하고 지친 영과 육을 어루만져 치유하기 시작했던 것입니다. 이 천사의 어루만짐으로 엘리야는 점차 새롭게 회복되었읍니다.

당신은 하나님의 어루만지심을 경험하신 일이 있읍니까? 하나님의 어루만지심은 육체적인 병을 치료하실 뿐만 아니라 영혼도 치료해 주시며 상처받은 마음도 아물게 하십니다.

그런데 이 하나님의 어루만지심의 배후에는 천사가 일하고 있읍니다. 당신은 천사의 존재를 믿습니까? 성경에서 천사에 대해 말씀하고 있는 구절들을 공부해 보십시오. 당신의 영안이 열릴 것입니다. 영적인 세계에서 일하시는 우리 하나님의 위대하신 섭리를 더욱 뼈저리게 실감하게 될 것입니다.

히브리서 1 장 14 절의 말씀을 보십시오.
"모든 천사들은 부리는 영(靈)으로서 **구원 얻을 후사들을 위하여 섬기라고 보내심**이 아니뇨."
이 말씀은 천사들의 임무를 잘 말해 주고 있읍니다. 그것은 구원 얻을 후사들을 섬기는 것입니다. **천사들은 우리를 섬기기 위해서 하나님으로부터 보내심을 받은 존재들입니다.** 천사가 당신을 수종들고 있읍니다.

예수님이 광야에서 금식기도하신 후 마귀에게 시험을 당하셨을 때에도 천사들이 나아와 시중들었읍니다.
"이에 마귀는 예수를 떠나고 천사들이 나아와서 수종드니라"(마 4:11).
예수님이 십자가를 지시기 전날 밤, 겟세마네 동산에서 심히 고민하며 기도하셨을 때에도 천사가 나타나 그분을 도왔읍니다.

"사자가 하늘로부터 예수께 나타나 힘을 돕더라"(눅 22:43).

창세기 19 장을 보면 소돔 성이 범죄하여 하나님의 심판을 받습니다. 이때 천사들이 롯에게 나타나 롯을 재촉합니다.
"도망하여 생명을 보존하리"(17 절).
다니엘이 사자굴 속에 던지움을 받았을 때에도 천사가 사자의 입을 틀어 막았다고 다니엘은 고백합니다.
"나의 하나님이 이미 그 천사를 보내어 사자들의 입을 봉하셨으므로 사자들이 나를 상해치 아니하였사오니…"(단 6:22).
구약과 신약 시대에 하나님의 백성들을 도왔던 천사들이 오늘날도 함께하심을 믿으십시오. 그리고 당신이 피곤하고 외로울 때 이런 기도를 해 보십시오.
"주님, 당신의 천사를 보내어 저를 도와주옵소서."

『피난처』를 쓴 화란의 유명한 코리 텐 붐 할머니가 다음과 같은 간증을 한 적이 있읍니다.
그녀가 한번은 공산권에 성경을 가지고 들어가려고 했읍니다. 그 당시 공산권은 기독교를 철저히 박해했으므로 공항에서의 검색이 매우 심했읍니다. 그녀는 성경책이 가득 들어있는 큰 가방을 가지고 검열 대열의 맨 끝에서 두번째 줄에 서 있었읍니다. 검색원이 이것저것 묻기도 하고 소지품을 뒤지기도 하면서 한 사람 한 사람 통과시키고 있었읍니다. 점차 그녀가 검색당할 차례가 다가왔고 그녀의 마음은 불안해지기 시작했읍니다.
'그들이 이 가방 속에 무엇이 들어 있느냐고 물으면 뭐라고 대답할까? 주님을 위해서 거짓말을 할까? 아니야, 거짓말은 하면 안 돼 ! 그럼 어떻게 하나 ?'
이런 저런 궁리를 하다가 기도하기 시작했읍니다.
"주님, 천사를 보내어 저를 도와주옵소서."
그녀가 기도하고 있는 동안 자기 뒤에 서 있던 사람이 새치기를 하였읍니다. 그녀가 맨 끝에 서게 되었읍니다. 드디어 그녀가 검색당할 차례가 되었읍니다. 검색원이 다가와서 말합니다.

『아이구, 할머니! 힘드시겠네요. 할머니가 마지막이시니까 제가 들어다 드리겠어요.』

그리고는 그 가방을 검색원이 직접 가지고 들어갔읍니다.

할렐루야! 이 얼마나 놀라우신 하나님의 섭리입니까?

20 세기에도 천사는 일하고 있읍니다. 우리의 생활 속에서 우리가 알게 모르게 역사하시는 하나님의 놀라운 손길을 보십시오.

네째로, 하나님은 엘리야를 호렙 산으로 인도하셨읍니다.

본문 7 절 이하의 말씀을 보십시오.

"여호와의 사자가 또 다시 와서 어루만지며 이르되 일어나서 먹으라 네가 길을 이기지 못할까 하노라 하는지라 이에 일어나 먹고 마시고 그 식물의 힘을 의지하여 사십주 사십야를 행하여 **하나님의 산 호렙에 이르니라**"(7,8 절).

하나님의 천사가 또 다시 왔읍니다. 하나님의 사랑이 끊임없이 임하는 것을 보십시오. 하나님은 인간이 흙으로 지음을 받은, 나약한 육체임을 잘 아십니다. 또한 인간이 음식을 필요로 한다는 것을 잘 아십니다. 그래서 음식물을 공급하시어 힘을 얻게 하사 하나님의 산, 호렙으로 인도하십니다.

이스라엘 백성들에게 있어서 호렙 산은 특별한 의미를 지니는 산입니다. 호렙 산은 하나님이 모세를 만나신 곳입니다. 모세가 하나님이 그에게 주신 소명을 잊어버리고 미디안 광야에 있었을 때에 하나님이 모세를 호렙 산으로 인도하셔서 이스라엘 백성들을 애굽 땅에서 구출하라고 명령하십니다. 거기서 모세는 그동안 잊고 있었던 하나님과의 교제를 회복했읍니다. 거기서 모세는 하나님의 음성을 들었읍니다. 하나님과의 영광스러운 교제가 이루어졌던 이 산으로 하나님은 하나님의 사람 엘리야를 인도하셨던 것입니다.

당신도 절망 속에 빠져서 슬프고 괴로운 마음을 가눌 수 없읍니까? 호렙 산으로 오십시오. 그리고 떨기나무 불꽃 가운데서 모세에게 말씀하셨던 그 하나님의 음성을 들으십시오. 피곤한 당신에게 주님께서 뭐라고 말씀하십니까? 하나님의 음성에 귀기울여 보십시오. 또한 당신의 마음 깊숙이 품고 있었던 모든 괴롭고 아팠던 심정을 깨끗이 털어내십시오. 이렇게 하나님과의 관계를 회복할 때에 하나님이 위기에서 실패한 당신을 회복시키실 것입니다.

이제, 11절의 말씀을 보십시오.
"여호와께서 가라사대 너는 나가서 여호와의 앞에서 산에 섰으라 하시더니 **여호와께서 지나가시는데 …."**
하나님이 지나가십니다. 하나님은 그동안 자기 혼자 남았다고 고독해하던 엘리야에게 자신의 임재를 깨우쳐 주시는 것입니다.
"너는 혼자가 아니다. 내가 너와 함께한다."
이렇게 하나님은 자신의 모습을 계시하시고 나타내 보여 주셨읍니다.
계속되는 말씀을 보십시오.
"…여호와의 앞에 크고 강한 바람이 산을 가르고 바위를 부수나 바람 가운데 여호와께서 계시지 아니하며 바람 후에 지진이 있으나 지진 가운데도 여호와께서 계시지 아니하며 또 지진 후에 불이 있으나 불 가운데도 여호와께서 계시지 아니하더니 **불 후에 세미한 소리가 있는지라**"(11,12절).
하나님은 불속에서도 역사하시고 바람을 통해서도 역사하십니다. 그러나 항상 이렇게 초자연적인 현상과 굉장한 사건을 통해서만 하나님이 역사하시는 것은 아닙니다.

엘리야는 하나님이 굉장한 사건을 통해서 초자연적으로만 역사하신다고 생각했읍니다. 갈멜 산에서의 바알과 아세라의 선지자들과 싸울 때 하늘에서 불이 내려왔읍니다. 그때 엘리야는 하나님의 임재하심에 감사하며 하나님께 찬양을 드렸읍니다. 그러나 그가 혼자 있을 때에는 하나님이 그와 함께 계시지 않은 것으로 생각했읍니다. 그리하여 엘리야는 고독을 느꼈고 절망스러워했던 것입니다.

불이나 바람이나 지진 같은 초자연적인 표적과 굉장한 사건이 있을 때에만 하나님이 임재하셔서 역사하시는 것처럼 생각하는 사람은 바로 엘리야처럼 로뎀나무 아래서의 고독을 체험하게 될 것입니다. 많은 사람들이 신앙을 번쩍번쩍하는 데에서만 찾으려고 합니다. 앉은뱅이가 일어나고 굉장한 사건이 터질 때에만 하나님이 계신 것으로 알고 감탄합니다. 그러므로 혼자 있을 때에는 모든 것이 헛되다고 고독해 하는 것입니다.

그러나 그렇지 않습니다. 일상 생활에서도 하나님은 역사하십니다. 세밀하게 구석구석을 살펴보십시오. 구석 구석 하나님의 손길이 닿지 않은 곳이 없을 것입니다.

하나님은 엘리야에게 이러한 사실을 분명히 가르쳐 주시기를 원하셨던 것입니다. 그래서 하나님은 불 가운데에 나타나지 않으셨읍니다. 바람 가운데에도 나타나지 않으셨읍니다. 지진 가운데서도 아무 것도 보여 주시지 않으셨읍니다. 이 모든 것이 지나간 후에야 엘리야에게 **세미한 음성**으로 자신을 나타내셨읍니다. 그때 엘리야는 아마 깜짝 놀랐을 것입니다.

"아! 하나님은 이렇게도 역사하시는구나!"

지금까지 엘리야는 하늘에서 쏟아지는 불과 까마귀를 통한 음식 공급을 보고 하나님은 위대하고 초자연적인 사건을 통해서만 역사하신다는 고정관념을 지니고 있었기 때문입니다.

오늘날도 이적만을 추구하는 교인들이 많습니다. 이런 그리스도인들은 이 말씀을 통하여 다시 한번 깨달아야 할 것입니다. 이적만을 추구하는 그들은 이적이 일어나지 않으면 허무함을 느끼고 하나님의 능력이 혹 떠나가지 않았나 의심이 가고 버림받은 것 같은 느낌을 가질 것입니다. 이적 중심의 신앙을 가진 사람일수록 신앙이 안정되어 있지 않습니다. 그들은 부흥회에 참석했을 때는 하나님이 살아계시다고 느꼈다가도 직장에 출근할 때는 "오늘 일이 지겹구나"하며 투덜댑니다.

그러나 그때에 들리는 세미한 음성을 들으십니까? "이것이 나의 일이다"라고 말씀하시는 주님의 세미한 음성을 들으십니까?

하나님의 위대한 역사의 대부분은 굉장한 소리 가운데 일어나지 않습니다. 주께서는 조용히 역사하십니다. 우주를 맴돌고 있는 유성의 소리를 들어 보십시오. 이슬이 내리는 소리를 들어 보십시오. 해가 떠오르는 소리를 들어 보십시오. 조용히 움직이는 하나님의 놀라운 역사를 보십시오. 아무 소리도 들리지 않는 것 같은 중에, 적막한 고요 속에서 질서있게 역사하시는 하나님을 보십시오.

하나님은 지극히 평범한 생활 중에도 함께하십니다. 하나님은 지극히 평범하고 작은 일에서 더욱 중요한 일을 하십니다. 그러므로 특이하고 유별난 이적을 추구하기보다 날마다의 신앙 생활에서 고요히 주님의 말씀을 받고 이 말씀을 생활에 실천하고 하나님께 감사하며 또 괴로울 때 주께 나와 다시 주님의 말씀을 받고 기도하고, 다시 충만함을 입는 그런 신앙 생활을 할 때 승리할 수 있습니다.

하나님은 위기에서 실패하여 고독해 하는 엘리야에게 쉼과 음식을 주시고 또한 어루만지셔서 상한 심령을 치유하셔서 하나님의 산 호렙으로 인도하셨읍니다. 이곳에서 하나님은 당신의 모습을 세미한 음성으로 나타내시어 엘리야가 위기에서 회복되도록 하셨읍니다. 이런 하나님의 가르침으로 인해 엘리야는 비로소 일어날 수 있었던 것입니다.

9

마지막 사역과
승리의 귀향

우리는 앞 장에서 로뎀나무 아래에 앉아 실망과 좌절에 빠졌던 엘리야를 보았읍니다. 그러나 그 엘리야를 하나님께서 사랑하심으로 찾아오셔서 그를 회복시키시고 호렙 산에서 다시 하나님과의 영광스러운 교제를 되찾도록 인도해 주셨던 역사를 보았읍니다. 이제 우리는 그 이후의 이야기를 통하여 교훈을 얻고자 합니다.

1. 돌이키는 엘리야

"여호와께서 저에게 이르시되 너는 네 길을 돌이켜 광야로 말미암아 다메섹에 가서 이르거든…"(15 절).
하나님은 세미한 음성으로 다메섹으로 다시 돌아가라고 엘리야에게 말씀하십니다.
우리가 실망과 실의와 낙담과 좌절 속에 빠질 때, 내가 마땅히 서야 할 자리에 서지 못했을 때, 주님과 온전한 교제를 누리지 못했을 때가 많습니다. 그때마다 주님은 우리에게 다시 돌이키도록 권면하십니다.

창세기 12,13 장을 보면 가나안 땅에 기근이 들어 애굽 땅으로 간 아브라함을 기어이 다시 가나안으로 돌아가게 하시는 하나님의 역사를 볼 수 있읍니다.

요한계시록 2 장을 보면 에베소 교회를 향한 하나님의 명령을 찾을 수 있읍니다. 에베소 교회를 향해서 하나님은 처음 사랑을 버렸다고 책망하시면서 회개하여 처음 행위로 돌이키라고 말씀하십니다. "그러나 너를 책망할 것이 있나니 너의 처음 사랑을 버렸느니라 그러므로 어디서 떨어진 것을 생각하고 회개하여 **처음 행위를 가지라** 만일 그리하지 아니하고 회개치 아니하면 내가 네게 임하여 네 촛대를 그 자리에서 옮기리라"(4,5 절).

"네가 온 길로 돌아가라！"
이것이 하나님의 사람, 엘리야에게 주어진 명령이었읍니다. 하나님은 당신의 종, 당신의 사람을 온전히 회복하시기 위해서 온 길로 다시 돌아가라고 명령하신 것입니다.

구약성경에서 우리가 자주 대하는 하나님의 멧세지는 돌아오라는 명령입니다.
"패역한 이스라엘아 돌아오라！"
주님의 백성이 주님을 버리고 떠나갈 때마다, 주님과의 온전한 교제를 누리지 못하고 영적인 침체와 좌절 속에 빠질 때마다, 타락과 부도덕의 심연 속에 빠질 때마다, 우상 숭배와 하나님을 향한 온전한 사랑이 냉각될 때마다 주께서는 언제나 예외없이 이 말씀을 들려주십니다.
"거기서 돌이키라！"

우리는 주님의 수제자인 베드로의 타락을 잘 기억합니다. 베드로는 주님을 부인하고 배반하여 주님의 눈조차 똑바로 쳐다보지 못했읍니다. 그리고 낙심과 불안 속에 빠져 있었을 때 주님이 베드로를 먼저 찾아오십니다. 부활하신 주님이 디베랴의 바닷가에서 다시 어부가 되어 물고기를 낚고 있는 베드로를 찾아오신 것입니다. 그리고 주님은 해변에서 숯불을 피워 놓고 떡과 생선을 구워 놓으셨읍니다. 그분은 사랑하는 제자들의 영석 침체와 공허를 더 잘 이셨기 때문입니다.

주님이 베드로에게 물으십니다.
"요한의 아들 시몬아 네가 이 사람들보다 나를 더 사랑하느냐"(요 21:15).
이때 주님은 "베드로"라는 이름을 사용치 않으시고 그의 옛 이름인 "시몬"이라고 부르셨읍니다. 아마 주님은 베드로로 하여금 주님을 떠난 옛 사람으로 돌아가 있음을 상기시키기 원하셨던 것 같습니다. 베드로는 떨리는 목소리로 대답합니다.
"주여 그러하외다 내가 주를 사랑하는 줄 주께서 아시나이다."
그런데 흥미로운 것은 주님이 쓰시는 "사랑"이라는 용어와 베드로가 쓰는 "사랑"의 용어가 서로 다르다는 것입니다. 주님은 계속 아가페의 사랑으로 묻습니다. 베드로는 계속 필레오의 사랑으로 대답합니다. 베드로는 자신이 얼마나 약하며 얼마나 주님을 배반하기 쉬운가를 잘 알고 있었기 때문에 거리낌없이 아가페의 사랑으로 사랑한다는 말을 할 수 없었을 것입니다.
이렇게 세 번씩이나 사랑을 확인한 주님은 베드로에게 부탁하십니다.
"내 양을 먹이라."
주님은 베드로가 다시금 그의 사명으로 돌아가기를 원하신 것입니다.
"네 길을 돌이켜 사람 낚는 어부가 되라 !"

우리는 돌아가야 합니다. 우리가 영적인 침체와 낙심의 늪 속에 빠질 때마다 다시 우리 주님을 바라보고, 어디에서 떨어졌는지 생각해 보고 다시 그 자리로 돌아가지 않으면 안 됩니다.
"네 길을 돌이켜 다메섹으로 가라 ! "

2. 새로운 사명을 받는 엘리야

주님은 이제 주님의 말씀을 따라 길을 돌이켜 다메섹으로 가는 엘리
야에게 새로운 임무를 맡기십니다. 하나님은 자신의 명령대로 길을
돌이켜 돌아오는 사람에게 그 이전보다 더 새로운 능력과 새로운 은
혜를 덧입혀 주시며 새로운 임무를 부여하십니다.

☐ 후계자를 세움

"…다메섹에 가서 이르거든 하사엘에게 기름을 부어 아람 왕이 되게
하고 너는 또 님시의 아들 예후에게 기름을 부어 이스라엘 왕이 되게
하고 또 아벨므홀라 사밧의 아들 엘리사에게 기름을 부어 너를 대신
하여 선지자가 되게 하라"(15,16 절).
하나님은 이제 길을 돌이켜 돌아온 엘리야에게 한 나라의 지도자를
세우고 후계자를 세우는 위대한 사명을 부여하셨습니다. 우리는 여기
서 회복된 주님의 종에게 더 커다란 사명을 맡겨주시는 하나님의 귀
한 사랑을 발견할 수 있습니다.

  한편, 하나님은 왜 엘리야의 후계자를 세우려 하실까요 ?
  엘리야가 고독하지 않도록 하시며 그를 돕는 보조자를 주시기 원하
셨던 것입니다. 이러한 하나님의 세심한 배려를 보십시오. 그런데 우
리는 이 말씀에서 "엘리야의 사명은 이제 끝났구나"라고 잘못 생각하
기 쉽습니다. 그러나 그렇지 않습니다. 엘리야는 후계자를 세운 후에
도 많은 일을 감당합니다. 하나님은 단지 엘리야의 최후를 위해서,
훈련받은 종을 서서히 준비시키고자 하셔서 후계자를 세우려 하신 것
입니다. 하나님은 이렇게 자신의 뜻을 이루기 위하여 사람들을 항상
예비하십니다. 그래서 주님의 경륜과 역사를 향한 하나님의 섭리는

결코 후회함이 없으며 실패함이 없으십니다. 여기서 우리는 역사를 주권적으로 장악하시고 섭리하시는 우리 하나님의 위대한 섭리의 손길을 다시 한번 발견할 수 있습니다.

　하나님이 엘리야의 후계자를 세우신 또 하나의 이유를 17,18 절의 말씀을 통하여 찾아보겠습니다. 18 절을 보십시오.
"그러나 내가 이스라엘 가운데 칠천 인을 남기리니 다 무릎을 바알에게 꿇지 아니하고 다 그 입을 바알에게 맞추지 아니한 자니라."
엘리사를 주시겠다고 말씀하시면서 하나님은 엘리야에게 이렇게 말씀하신 것입니다.
"바알을 섬기지 아니하는 하나님의 종들이 칠천이나 남아 있다."
이것은 10 절의 엘리야의 푸념에 대한 하나님의 응답입니다.

　우리는 열왕기상 19 장 10 절의 엘리야의 푸념을 이미 살펴 보았읍니다.
"하나님, 하나님의 일이 아무래도 온전한 승리를 거두지 못한 것 같습니다. 주의 일에 열심을 내며 하나님의 사역 앞에 헌신하고 있는 사람은 아무도 없읍니다. 내가 갈멜 산에서 위대한 승리를 거두었지만 아직까지도 승리는 하나님의 것이 아닙니다. 저의 생명을 없애려고 적들이 저의 뒤를 좇고 있는걸요. 역사는 아직도 어두우며 저를 둘러싸고 있는 모든 환경이 제게 불리하여 저는 피할 곳이 없습니다. 아무 일도 하나님의 뜻대로 진행되는 것이 없는 것 같습니다. 하나님을 섬기는 자가 저뿐인걸요!"
이것이 고독한 엘리야의 푸념이었습니다. 그러나 하나님은 엘리야에게 이렇게 대답하셨읍니다.
"아니다! 바알을 섬기지 아니하고 우상의 선지자들과 타협하지 아니하고 오직 나의 뜻을 추구하는 자들이 칠천이나 남아 있다. 그들은 너처럼 무대 위에서 행하지 않았을 뿐 이름없이 빛도 없이 뒤에서 나를 신실하게 따르는 자들이다."

바울 사도는 로마서에서 이 사건을 인용합니다.
"너희가 성경이 엘리야를 가리켜 말한 것을 알지 못하느냐 저가 이스라엘을 하나님께 송사하되 주여 저희가 주의 선지자들을 죽였으며 주의 제단들을 헐어버렸고 나만 남았는데 내 목숨도 찾나이다 하니 저에게 하신 대답이 무엇이뇨 내가 나를 위하여 바알에게 무릎을 꿇지 아니한 사람 칠천을 남겨두었다 하셨으니 그런즉 이와 같이 이제도 은혜로 택하심을 따라 남은 자가 있느니라"(롬 11:2-5).

당신도 하나님의 일을 하다 지쳐 고독을 느끼신 적이 있읍니까? 그래서 포기하고 앉아 영적 침체에 빠진 적이 있읍니까? 그때마다 이와 같은 하나님의 말씀에 귀를 기울이십시오.

이처럼 하나님은 엘리야의 푸념에 대해 엘리야 외에도 하나님의 사람이 칠천이나 있다고 상기시키시면서 그를 위로하고 있읍니다. 그리고 엘리야의 후계자를 찾도록 하신 것은 바로 이 사실, 하나님을 섬기는 자가 있으므로 용기를 가지라는 격려를 위해서였던 것입니다.

이제 본문 19 절을 보십시오.
"엘리야가 거기서 떠나….""
돌이키라는 하나님의 명령을 받은 엘리야는 하나님의 명령대로 즉시 떠납니다. 새로운 사명이 주어지자마자 그는 떠납니다. 하나님의 말씀을 발견하자마자 주의 뜻을 발견하자마자 자기에게 주어진 새로운 임무를 수행하기 위해서 그는 떠납니다. 이 떠나가는 하나님의 사람, 엘리야의 승리로운 모습을 보십시오.

이 호렙 산에서 아벨므홀라까지는 약 260km 의 험악한 길입니다. 그 길을 가고자 하는 결심 자체가 쉬운 것이 아닙니다. 그러나 엘리야는 주께서 말씀하셨기 때문에 주님의 말씀대로 새로운 과제를 감당하기 위해서 그 험준한 길을 걸어서 가기 시작합니다. 이것 또한 엘리야가 완전히 회복되었다는 명백한 증거의 하나입니다.

엘리야는 이제 하나님의 말씀을 받들어 주께서 주신 사명을 감당하기 위해서 떠납니다. 이제는 주님의 명령없이 로뎀나무 아래로 도피하던 전 날의 엘리야가 아닙니다. 환경만 보고 주저앉았던 전 날의 엘리야가 아닙니다. 하나님의 명령을 붙들고 두 주먹을 불끈 쥐고 일어나 험준한 길을 걸어서 가는 그는 온전한 회복을 이룬 하나님의 사람입니다. 험준한 여행길이지만 순종의 길을 걸어서 다시 하나님의 새로운 역사를 감당하기 위해서 그 길을 가는 것입니다.

"나를 도울 사람이 어디있는가? 내가 훈련시키도록 하나님이 준비하신 그 사람이 어디있는가?"

그는 주께서 예비하신 자기의 후계자를 찾아서 길을 떠납니다.

19절의 계속되는 말씀을 보십시오.

"…사밧의 아들 엘리사를 만나니 저가 열두 겨리 소를 앞세우고 밭을 가는데 자기는 열둘째 겨리와 함께 있더라 엘리야가 그리로 건너가서 겉옷을 그의 위에 던졌더니."

엘리야는 드디어 자기의 후계자감을 만났읍니다. 그때 엘리사는 소를 앞세우고 밭을 갈고 있었읍니다.

여기서 우리는 중요한 교훈 하나를 발견합니다. 그것은 주님은 한가한 사람을 부르시지 않는다는 사실입니다. 주님은 바쁘게 일하고 있는 사람들을 부르십니다.

예수께서는 바다에서 그물을 던져 열심히 물고기를 잡고 있었던 어부들을 부르셨읍니다.

"나를 따라 오너라 내가 너희로 사람을 낚는 어부가 되게 하리라"(마 4:19).

예수님은 또한 세관에 앉아서 열심히 일하고 있었던 마태를 부르셨읍니다.

"나를 좇으라"(마 9:9).

주께서는 이처럼, 한가한 인생들을 부르시지 않습니다. 자기에게 주어진 일을 열심을 다해서 충성하는 사람을 하나님께서는 요구하십니다. 그래서 바울 사도는 사랑하는 신앙의 아들이며 그의 제자였던 디모데에게도 이 복음을 충성된 사람들에게 부탁하라고 명령했습니다. 주께서는 충성스럽지 않은 사람을 쓰시지 않기 때문입니다.

당신도 하나님께 쓰임받기를 원하십니까? 현재 당신에게 주어진 삶의 과제가 무엇이든 그 과제에 충성을 다하십시오.

엘리사는 자기 일에 충성을 다했습니다. 비록 그것이 소를 가지고 밭을 가는 농부의 일이었지만 자기 일에 충실했습니다. 그래서 엘리야의 후계자로 지목되었던 것입니다.

그런데 엘리야가 엘리사에게 외투를 벗어 던지는 것은 무엇을 의미합니까? 이것은 기름 붓는 것을 대신하는 것으로 예언자의 계열을 이어 후계자를 삼는 상징적인 행위로서, 이제 예언적 권위가 엘리사에게 옮겨졌음을 상징하는 표시입니다.

엘리야는 후계자를 찾아서 먼 길을 여행해 왔습니다. 이제 드디어 그의 후계자를 발견했습니다. 엘리야는 반가운 마음을 금할 수 없어 자기가 걸치고 있던 겉옷을 던져 엘리사를 후계자로 삼겠다는 표시를 명백히 하였습니다.

이제, 20절 이하의 말씀을 보십시오.
"저가 소를 버리고 엘리야에게로 달려가서 … 엘리야를 좇으며 수종들었더라"(20,21절).
이 말씀에서 우리는 이 엘리야와 엘리사의 관계 속에서 우리 하나님의 주권적인 섭리가 이미 작용하고 있었다는 것을 느낄 수 있습니다. 엘리사는 엘리야가 겉옷을 던지자 즉시 소를 버리고 그를 따릅니다.

모든 주님의 제자들의 공통점이 바로 이것입니다. 그들은 주님이 부르실 때 지체없이 나갑니다. 모든 것을 버려두고 나갑니다. 그물을 버려두고, 직업을 버려두고 즉시 주님을 좇았습니다. 하나님의 일 앞에는 이 세상의 어떠한 장애물도 제거되어야 하는 까닭입니다.

□ 하나님의 말씀이 임함

엘리야가 하나님의 말씀을 좇아 온전한 회복을 이루었을 때 하나님으로부터 새로운 사명을 받아 수행할 수 있었읍니다. 그리고 이젠 하나님의 말씀이 그에게 임합니다. 열왕기상 21 장 17 절의 말씀을 보십시오.

"여호와의 말씀이 디셉 사람 엘리야에게 임하여 가라사대."

하나님의 사람, 엘리야를 주께서 영광스럽게 쓰시던 그 순간마다 하나님의 말씀이 엘리야에게 임했읍니다. 위기에서의 실패를 경험했던 엘리야에게 그동안 하나님의 말씀이 임하지 않았읍니다. 그러나 이제 호렙 산에서 하나님과의 올바른 관계를 정립하고 하나님의 말씀대로 행함으로 다시 하나님의 신실한 사람으로 회복되어 하나님의 말씀이 그에게 임하게 된 것입니다.

당신도 하나님의 말씀이 당신에게 임하기를 원합니까? 우선 당신이 하나님 앞에서 바른 자세를 지니고 있는지 살펴보십시오. 그리고 하나님의 말씀인 성경을 읽고 하나님이 당신의 마음에 무슨 말씀을 하시는지 들어 보십시오.

□ 심판의 멧세지를 전함

이제, 계속되는 18 절의 말씀을 보십시오.

"너는 일어나 내려가서 사마리아에 거하는 이스라엘 왕 아합을 만나라 저가 나봇의 포도원을 취하러 그리로 내려갔나니."

하나님은 엘리야에게 아합을 다시 한번 더 만나라고 하십니다. 로뎀나무 아래에서의 그 엘리야였다면 이 명령을 감당할 수 없었을 것입니다.

그러나 엘리야는 더이상 로뎀나무 밑의 엘리야가 아니었읍니다. 그는 온전히 회복되었읍니다. 그러한 그에게 하나님은 어떤 명령을 하십니까? 19 절을 보십시오.

"너는 저에게 말하여 이르기를 여호와의 말씀이 네가 죽이고 또 빼앗았느냐 하셨다 하고 또 저에게 이르기를 여호와의 말씀이 개들이 나

봇의 피를 핥은 곳에서 개들이 네 피 곧 내 몸의 피도 핥으리라 하셨
다 하라.”
엘리야에게 하나님의 심판의 멧세지를 전하라는 명령이 다시 주어졌
읍니다. 이제 엘리야는 이러한 폭탄적인 선언을 왕에게 할 수 있을
만큼 강하여진 것입니다.

우리는 여기서 잠시 방향을 돌려 우상 숭배자, **아합의 최후**는 어떠
했으며 그의 후손은 어떠했는지를 살펴보고 교훈을 얻고자 합니다.
열왕기상 22 장 34 절 이하의 말씀을 보십시오.
“한 사람이 우연히 활을 당기어 이스라엘 왕의 갑옷 솔기를 쏜지라
왕이 그 병거 모는 자에게 이르되 내가 부상하였으니 네 손을 돌이켜
나로 군중에서 나가게 하라 하였으나 이 날에 전쟁이 맹렬하였으므로
왕이 병거 가운데 붙들려 서서 아람 사람을 막다가 저녁에 이르러 죽
었는데 상처의 피가 흘러 병거 바닥에 고였더라 해가 질 즈음에 군중
에서 외치는 소리 있어 가로되 각기 성읍으로, 각기 본향으로 하더라
왕이 이미 죽으매 그 시체를 메어 사마리아에 이르러 거기 장사하니
라 그 병거를 사마리아 못에 씻으매 개들이 그 피를 핥았으니 여호와
의 하신 말씀과 같이 되었더라 거기는 창기들의 목욕하는 곳이었더
라”(34–38 절).
하나님은 우상신을 섬겨왔고 한 나라를 어지럽혔던 아합 왕을 마침내
처치하십니다. 이 왕은 엘리야가 예언했던 그대로 비참한 최후를 맞
이합니다.

그러나 이스라엘의 악한 왕의 대열은 이 아합 왕으로 끝나지 않았
읍니다. 51 절 이하의 말씀을 보십시오.
“유다 왕 여호사밧 제 십칠 년에 아합의 아들 아하시야가 사마리아에
서 이스라엘 왕이 되어 이 년을 이스라엘을 다스리니라 저가 여호와
보시기에 악을 행하여 그 아비의 길과 그 어미의 길과 이스라엘로 범
죄케 한 느밧의 아들 여로보암의 길로 행하며 바알을 섬겨 숭배하여

이스라엘 하나님 여호와의 노를 격동하기를 그 아비의 온갖 행위같이
하였더라"(51–53 절).

　주의하십시오. 부모 여러분! 당신의 자손들에게 어떤 유산을 남기
고 싶으십니까? 여기, 아합의 아들 아하시야에 대해 성경은 어떻게
증언합니까? 악한 영향은 나 한 사람에게만 머물러 있지 않습니다.
우리 가운데 단 한 사람이라도 부정적인 사고, 부정적인 언어, 그리
고 잘못된 삶의 모습을 보인다면 그 영향은 우리 모두에게 그리고 우
리의 자손들에게도 퍼져갑니다.
　우리는 이 말씀을 통하여 옷깃을 여미고 우리의 후세들에게 무엇을
남길 것인가를 다시 한번 엄숙하게 물어 보아야 할 것입니다.
"우리는 우리의 후손들에게 어떤 영향을 끼칠 것인가?"
"우리 교회의 젊은이들에게 어떤 영향을 줄 것인가?"
"우리의 가정에, 우리의 자녀들에게 어떤 영향을 줄 것인가?"

3. 떠나가는 엘리야

"여호와께서 회리바람으로 엘리야를 하늘에 올리고자 하실 때에 엘리
야가 엘리사로 더불어 길갈에서 나가더니 엘리야가 엘리사에게 이르
되 청컨대 너는 여기 머물라"(왕하 2:1,2).
"두 사람이 행하며 말하더니 홀연히 불수레와 불말들이 두 사람을 격
하고 엘리야가 회리바람을 타고 승천하더라"(왕하 2:11).
주님을 위하여 최후까지 충성했던 하나님의 사람, 엘리야를 영전(榮
轉)하시기 위해 주께서 불수레와 불말을 보내시는 장면을 보십시오.
하나님의 능력을 대행하며 위대한 삶을 살았던 엘리야는 죽음의 순간
에도 위대하게 들리움을 받습니다. 하나님은 자신이 사랑하시는 엘리
야를 하나님의 궁전으로 인도하시기 위해 일상적인 모든 규범을 깨뜨
리시고 자신이 직접 사용하시는 불수레와 불말을 보내셨습니다. 그리
하여 엘리야는 죽음을 맛보지 않고 요단 강을 건넜던 것입니다.

그러나 사실상 죽음이란, 상태가 문제가 아닙니다. 죽음이란 본질적으로 옮기는 것을 의미합니다. 우리는 엘리야가 승천한 것을 가리켜서 엘리야가 죽었다고 말해도 상관이 없습니다. 죽음은 본질적으로 상태가 아니라 이 세상에서 저 세상으로 옮기우는 것을 의미하기 때문입니다. 그는 지상에서 우리 아버지의 집으로 옮기우게 된 것입니다.

성경상에서 죽음의 고통을 맛보지 않고 들리움을 받은 사람은 엘리야 외에도 에녹이 있습니다. 그런데 죽음의 고통을 맛보지 않고도 하늘에 바로 들리움을 받는 사건은 구약 시대에만 있었던 것이 아닙니다. 언젠가는 우리도 엘리야와 에녹처럼 들리움을 받을 것입니다. 주께서 재림하시는 그날, 아직도 세상에 살아있는 그 세대들은 죽음을 맛보지 않고 변화되어 홀연히 순식간에 주님 앞으로 들리움을 받을 것입니다.

데살로니가전서 4 장 16 절 이하의 말씀을 보십시오.
"주께서 호령과 천사장의 소리와 하나님의 나팔로 친히 하늘로 좇아 강림하시리니 그리스도 안에서 죽은 자들이 먼저 일어나고 **그 후에 우리 살아 남은 자도 저희와 함께 구름 속으로 끌어 올려 공중에서 주를 영접하게 하시리니** 그리하여 우리가 항상 주와 함께 있으리라"(16,17 절).
주님이 천사장의 나팔 소리와 함께 이 땅에 다시 돌아오시는 그날, 주님이 재림하시는 그날, 만일 우리가 아직도 살아있다면 우리 살아 남아 있는 사람들은 죽었다가 부활된 그 사람들과 함께 구름 속으로 끌어 올려 공중으로 들리움을 받는다고 이 말씀은 증언합니다. 우리 세대에 이런 일이 일어나면 얼마나 좋겠읍니까? 그러나 때와 시기에 대해서는 하나님 아버지께 맡길 수밖에 없습니다.

바울 사도는 또 고린도전서 15 장 50 절 이하에서도 이 사실을 우리에게 선포합니다.

"형제들아 내가 이것을 말하노니 혈과 육은 하나님 나라를 유업으로 받을 수 없고 또한 썩은 것은 썩지 아니한 것을 유업으로 받지 못하느니라 보라 내가 너희에게 비밀을 말하노니 **우리가 다 잠잘 것이 아니요 마지막 나팔에 순시간에 홀연히 다 변화하리니**"(50,51 절).

"사람들의 이성과 상식으로는 도저히 납득하기 어려운 한 놀랍고 영광스러운 비밀을 내가 너희에게 이제부터 계시하겠다. 우리는 모두가 다 죽는 것은 아니다. 어떤 성도들은 육체적 사망을 맛보지 아니할 것이다. 그들은 순식간에 홀연히 변화하여 바로 하늘에 들리움을 받을 것이다."

이제 계속되는 52 절 이하의 말씀을 보십시오.

"나팔 소리가 나매 죽은 자들이 썩지 아니할 것으로 다시 살고 우리도 변화하리라 이 썩을 것이 불가불 썩지 아니할 것을 입겠고 이 죽을 것이 죽지 아니함을 입으리로다"(52,53 절).

이 하나님이 우리에게 주신 놀라운 소망을 보십시오. 우리는 죽었으나 다시 살아날 것이며 살아 남아 있게 된다면 변화되어 하늘에 들리움을 받을 것입니다. 우리는 이러한 소망이 있으므로 이 세상에서의 고통과 어려움과 절망을 참고 이겨나갈 수 있는 것입니다. 당신은 당신의 부활과 승천의 사건을 믿으십니까? 이 세상에는 아무런 소망이 없어 주님이 재림하실 날을 기다리십니까? 반드시 그날이 올 것입니다. 신랑 맞을 준비를 한 다섯 처녀처럼 항상 그날을 기대하며 매순간을 준비하며 사십시오.

엘리야는 영광스럽게 승천했읍니다. 불말이 이끄는 불수레를 타고 회리바람과 함께 승천했읍니다. 그러나 엘리야만이 하나님을 만나뵙는 은혜를 입은 것이 아닙니다. 그리스도를 믿고 구원받은 우리들은 누구나 하나님을 영접할 것입니다. 그 방법이 다를 뿐입니다. 거지 나사로는 천사에 의해서 하늘나라에 있는 아브라함의 품속으로 갔읍니다. 우리의 영혼도 아마 천사의 손에 이끌려 하늘나라로 갈 것입니다. 그 방법에 대해서는 하나님께 맡깁시다. 그리고 주님이 우리를 당신의 아름다운 본향으로 인도하실 때를 기다리며 엘리야처럼 충성스러운 하나님의 사람이 되도록 노력합시다. 그 어느 날의 승리의 귀향을 위해서 !

망망한 바다 한가운데서 배 한척이
침몰하게 되었습니다.
모두들 구명 보우트에 옮겨 탔지만
한 사람이 보이지 않았습니다.
절박한 표정으로 안절부절하던 성난 무리 앞에
급히 달려 나온 그 선원이
꼭 쥐고 있던 손바닥을 펴 보이며 말했습니다.
"모두들 나침반을 잊고 나왔기에···"
분명, 나침반이 없었다면 끝없이 바다 위를
표류할 수 밖에 없을 것입니다.

생(生)의 바다를 항해하는 모든 이들을 위하여
우리는 그 나침반의 역할을 하고 싶습니다.
우리를 구원하신 아름다운 주님을
21세기 문명의 이기(利器)를 통하여
널리 전하고 싶습니다.

우리 나침반 가족은
구원의 복음과 진리의 말씀을 전하며
당신의 믿음 성장과 삶을, 가정을, 증거를,
그리고 당신의 세계를 돕고 싶습니다.

그리스도 안에서
우리는 당신을 진실로 사랑합니다.

"하나님은 모든 사람이 구원을 받으며
진리를 아는 데 이르기를 원하시느니라."
(디모데전서 2장 4절)

책번호 / 마 • 1134

엘리야,
하늘문을 열고 닫는 사람

발행소 ● 종 합 선 교 - 나 침 반 社
NACHIMVAN MINISTRIES
(등록 1980년 3월 18일 / 제 2-32호)

편집 겸 발행인 ● 김   용   호
ⓒ1999 KIM YONG-HO

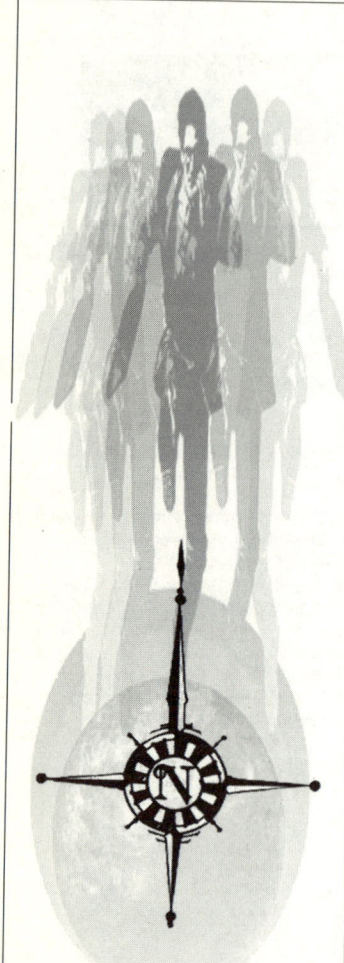

나침반社는
우리를 구원하신
아름다운 주님을
21세기 문명의
이기(利器)를 통하여 널리
전하고 싶습니다.

연락처

• 우편/ [1][1][0]-[6][1][6]서울 광화문 사서함 1641호
　　　　K.P.O. BOX 1641, SEOUL, 110-616, KOREA
• E-Mail navan @ Chollian.net
• 우체국대체구좌 / 010041-31-1201888
• 은행지로번호 / 각은행 99번 창구 3000366번
• 전화 / 본사사무용(02)2279-6321~3
　　　　서점주문용(02)2606-6012~4
• 팩스 / 본사사무용(02)2275-6003
　　　　서점주문용(02)2606-6016

지은이 / 이 동 원

제 1 판 발행 / 1988년 8월 1일
제 14 판 발행 / 1999년 8월 20일

나침반 신간안내 / 전화사서함 (02)152 - 응답후 6322

기독교 종합정보 / PC통신 하이텔 • 천리안 • 나우누리 • 유니텔 GO NIC

9

ISBN 89-318-1042-3

값은 뒷표지에 있습니다. • PRINTED IN KOREA